AF094168

www.ingramcontent.com/pod-product-compliance
Lightning Source LLC
LaVergne TN
LVHW020439070526
838199LV00063B/4789

# ہو بہ ہو

(خاکے)



مصنف:

پروانہ ردولوی

© Parwana Rudaulvi
**Hu ba Hu** *(Khaake)*
by: Parwana Rudaulvi
Edition: April '2024
Publisher :
*Taemeer Publications LLC* (Michigan, USA / Hyderabad, India)

ISBN 978-93-5872-818-7

مصنف یا ناشر کی پیشگی اجازت کے بغیر اس کتاب کا کوئی بھی حصہ کسی بھی شکل میں بشمول ویب سائٹ پر اَپ لوڈنگ کے لیے استعمال نہ کیا جائے۔ نیز اس کتاب پر کسی بھی قسم کے تنازع کو نمٹانے کا اختیار صرف حیدرآباد (تلنگانہ) کی عدلیہ کو ہو گا۔

©پروانہ ردولوی

| | | |
|---|---|---|
| کتاب | : | **ہو بہ ہو** |
| مصنف | : | **پروانہ ردولوی** |
| صنف | : | خاکے |
| ناشر | : | تعمیر پبلی کیشنز (حیدرآباد، انڈیا) |
| سالِ اشاعت | : | ۲۰۲۴ء |
| صفحات | : | ۱۳۸ |

# فہرست

| | | |
|---|---|---|
| (۱) | عرضِ واقعی | 7 |
| (۲) | میرا شریکِ زندگی | 9 |
| (۳) | ایک رنگا رنگ شخصیت (حسن نجمی سکندر پوری) | 15 |
| (۴) | وضع دار انسان (مخمور سعیدی) | 18 |
| (۵) | احمد جمال پاشا | 24 |
| (۶) | اقبال عمر | 30 |
| (۷) | امیر قزلباش | 37 |
| (۸) | چندر بھان خیال | 43 |
| (۹) | حسن نجمی سکندر پوری | 48 |
| (۱۰) | حیات لکھنوی | 56 |
| (۱۱) | خان عزمی ردولوی | 61 |
| (۱۲) | زبیر رضوی | 66 |
| (۱۳) | شریف الحسن نقوی | 72 |
| (۱۴) | عزیز وارثی | 80 |
| (۱۵) | فاروق ارگلی | 86 |
| (۱۶) | کمار پاشی | 92 |
| (۱۷) | گوپال متل | 99 |
| (۱۸) | مجتبیٰ حسین | 104 |
| (۱۹) | محسن زیدی | 114 |
| (۲۰) | مخمور سعیدی | 121 |
| (۲۱) | معین اعجاز | 127 |
| (۲۲) | ہیم وتی نندن بہوگنا | 132 |

اپنے بھائی

سیّد محمّد کمیل صادق کے نام

مجھ کو دیکھو کہ لڑا میں تن تنہا کیسے

اُس کی نصرت کو تو کل نوعِ بشر ساتھ رہی

(محسن زیدی)

# عرض واقعی

اس کتاب میں شامل مضامین کو میں " خاکوں " کا نام دینا پسند نہ کروں گا۔ خاکہ نگاری ایک مشکل کام ہے اور میں خود کو اِس کام کا اہل نہیں پاتا۔ میرا خیال ہے کہ آج کل جو خاکے لکھے جا رہے ہیں وہ درحقیقت خاکے نہیں ہیں' اور جن لوگوں کو خاکہ نگار کہا جاتا ہے اُن کے ساتھ بہت بڑی ادبی بد دیانتی اور عیاری سے کام لیا جا رہا ہے۔ خاکہ نگاری چودھری محمد علی ردولوی پر ختم ہو چکی ہے اور خاکہ نگاری کے باب میں اُن کی کتاب "کشکول۔ محمد علی شاہ فقیر" کو حرف آخر کی حیثیت حاصل ہے۔ اب سے کوئی بیس پچیس سال قبل بیسوی صدی اور پیام مشرق میں خاکوں کے نام سے جو تعارفی مضامین لکھے گئے تھے صرف وہ کسی حد تک خاکوں کی صنف میں شمار کئے جا سکتے ہیں' پوری طرح نہیں کیونکہ وہ بہت مختصر تھے۔ اور ان میں جن شخصیات کا تعارف کرایا گیا تھا اُن کو یا تو بہت بڑھا چڑھا کر پیش کیا گیا تھا یا بہت گھٹا کر ــــ اِن تحریروں میں یا تعریف کے پہلو تھے یا تضحیک کے ـــ شخصیات کا غیر جانبداری سے جائزہ نہیں لیا گیا تھا۔ اور یہ کسی ایک شخص کے لکھے ہوئے بھی نہ تھے۔ سچ تو یہ ہے کہ اُن کے لکھنے والوں کے نام بھی آج تک

صیغہ راز میں ہیں۔ اب یہ بتانا بھی مشکل ہے کہ کونسی تحریر مہدی نظمی مرحوم کی تھی اور کس کا خاکہ زاہد رضوی مرحوم نے اڑایا۔ کس کی شخصیت کی دھجیاں فناز انصاری نے اڑائیں اور کس کا تعارف بسمل سعیدی نے کرایا۔ بہرحال یہ مضامین میں نے کسی کو آسمان پر چڑھانے یا نیزے پر اٹھانے کے لئے نہیں لکھے ہیں۔

ان کو احاطۂ تحریر میں لانے کا مقصد صرف یہ ہے کہ اپنے عہد کے چند جانے پہچانے افراد کو جن سے میرے قریبی تعلقات بھی ہیں میں نے جس نظر سے دیکھا ہے اور ان کی وہ تصویر جو میرے تجربات اور محسوسات کے آئینوں میں اُتری ہے، من وعن پیش کردوں۔ میرا مقصد کسی کی دل آزاری ہرگز نہیں ہے۔ اگر کسی کو میری تحریر سے تکلیف پہنچے تو مجھے معاف کردے۔

پروانہ ردولوی
۲۰ر اکتوبر ۱۹۹۰ء

# میرا شریکِ زندگی

نانا الحاج ذاکر حسن مرحوم نے لاکھوں کی جائیداد کو ٹھوکر ماری اور ہجرت کی راہ اختیار کی۔ مدینہ میں انتقال ہوا اور وہیں کی خاک کا پیوند بنے۔ دادا قاضی سیّد محمد یوسف نے ٹرین کے فرسٹ کلاس کے ڈبے میں سفر کرنے کے سوال پر ایک انگریز کی پٹائی کر دی (اس واقع کا ذکر چودھری محمد علی ردولوی نے اپنی کتاب کشکول میں میر یوسف کے زیر عنوان ایک خاکہ میں کیا ہے) اور انگریزوں کے عتاب کا شکار بنے۔ والدہ نے تحریک خلافت میں عملی طور پر حصّہ لیا۔ اپنے تمام زیورات اماں بی کے قدموں میں ڈال دیئے۔ ریشمی کپڑے اتار پھینکے اور کھدر کے کپڑے زیب تن کئے۔ والد سیّد غلام اصغر ہاشمی نے انگریز کی نوکری چھوڑ کر قلندری کی زندگی گذاری۔ خاتمہ زمینداری سے قبل ہی کھیت کھلیان سے دست بردار ہو گئے۔ زمینوں پر کاشتکاروں نے قبضہ کر لیا اور انہوں نے کسی بھی کاشتکار کو بے دخل کرنے کے لئے کوئی قانونی کارروائی نہ کی کم عمر بچوں نے احتجاج کیا تو جواب دیا "یہ زمینیں اُن کی ہیں جو ان پر کاشت کرتے ہیں"

والد کے نام جن زمینوں کے پٹے تھے وہ زمینیں بھی نانہیال کے ایک سپاہی نے دبالیں۔ حضرت پور کنتور رسول پور میں اپنی والدہ کی طرف سے جو باغ اور کھیت ملے تھے ان کا نگراں ایک قریبی عزیز کو بنا دیا۔ اس طرح یہ جائیداد بھی ہاتھ سے نکل گئی۔ ورثہ میں صرف خاندانی شرافت و نجابت۔ جذبہ ایثار، اور فقر و فاقہ اور ایک قدیم طرز کا مکان' ان کے دونوں بیٹوں کے حصہ میں آیا۔ اُن میں سے ایک (سید مشیم تمار) پروانہ ردولوی نے ادب و صحافت کی راہ اختیار کی اور دوسرے (سید محمد کمیل) صادق ردولوی نے نیم سرکاری ملازمت اور ٹریڈ یونین ازم کی راہ چنی۔ دونوں جڑواں بھائی ہیں اس لئے یہ فیصلہ کرنا مشکل ہے کہ کون بڑا ہے اور کون چھوٹا۔ پروانہ ردولوی کی زندگی کے حالات نشیب و فراز، طلوع و غروب اور عروج و زوال سے عبارت ہیں، انہوں نے یوپی اسمبلی میں پنڈت پنت کے زمانہ میں رپورٹر سے لے کر مختلف اخبارات کے ایڈیٹر تک کے فرائض انجام دیئے اُن کی آنکھوں نے تین نسلوں کی تہذیبی قدروں کو قریب سے دیکھا۔ اگر کبھی انہوں نے اپنے حالاتِ زندگی لکھ دیئے تو طلسم ہوش رُبا والا مزہ دیں گے۔ پروانہ ردولوی نے اپنے نام سے کم اور دوسروں کے نام سے بہت لکھا ہے صرف پانچ کتابیں ان کے نام سے چھپی ہیں اور درجنوں کتابیں اور سیکڑوں مضامین دوسروں کے نام سے۔ اِن میں ادبی، سیاسی، فکشن، مذہبی، ہر طرح کی تخلیقات شامل ہیں۔ انگریزی سے اردو میں بامحاورہ ترجمہ بڑی روانی سے کرتے ہیں۔ آل انڈیا ریڈیو۔ ڈی۔ اے وی، پی، پی آئی بی وغیرہ کے لئے بلا مبالغہ سیکڑوں (یا شاید ہزاروں) ترجمے کر چکے ہیں' اور اب بھی کر رہے ہیں۔ اُن کی دو تخلیقات کربلا سے کوفہ تک اور شاہنامہ کربلا کے لگ بھگ

۵، ہزار نسخے اب تک فروخت ہو چکے ہیں۔ اُن کے رُومانی ناول آزمائش اور ویرانی نہیں جاتی اب نایاب ہیں۔ اُن کا ایک جاسوسی ناول "وفادار قاتل" بھی ۱۹۶۰ء کے دہے میں کافی مقبول ہوا تھا۔ بعد میں بھی انہوں نے درجنوں جاسوسی ناول لکھے مگر ان پر اپنا نام نہ دیا۔ بہت کم لوگ جانتے ہیں کہ بچوں کے ادب میں بھی انہوں نے اچھا خاصہ اضافہ کیا ہے۔ ۱۹۶۰ء کے عشرے کے ابتدائی دو برسوں میں حافظ یوسف دہلوی (مرحوم) کے رسالہ کھلونا میں ہر ماہ اُن کی کوئی نظم یا کوئی کہانی ضرور شائع ہوتی تھی اور وہ اس زمانے کے بچوں کے پسندیدہ ادیب تھے۔ اب بھی جب کبھی وقت ملتا ہے تو بچوں کے لئے کہانیاں لکھتے ہیں، دو سال قبل انہوں نے شیخ سعدی کی حکایات کو ہندوستانی ماحول میں جذب کر کے چند کہانیاں لکھی تھیں جو کھلونا میں شائع ہوئی تھیں۔ کچھ لوگوں نے اِسے آسان کام سمجھ کر اُن کی نقل شروع کر دی لہٰذا یہ سلسلہ بند کر دیا۔ اگر بچوں کے ادب پر دیانتداری سے کسی نے تخلیقی کام کیا تو پروانہ ردولوی کا ذکر ضرور کرے گا۔ پروانہ ردولوی نے بہت سے افسانے بھی لکھے ہیں۔ فلموں سے بھی ان کا گہرا تعلق رہا ہے اور اب بھی ہے چونکہ وہ روزنامہ پرتاپ کے فلم ایڈیشن کے بھی انچارج رہ چکے ہیں اِس لئے اُن کی فلمی معلومات بہت زیادہ ہیں، درجنوں فلموں کی آؤٹ ڈور شوٹنگ میں حصہ لے چکے ہیں، متعدد پروڈیوسروں، ڈائریکٹروں۔ اداکاروں اور اداکاراؤں سے اُن کے گہرے تعلقات ہیں۔ دنیا کے مختلف ملکوں کی سیکڑوں فلمیں دیکھ چکے ہیں، دوبار فلم ادلوکن نے اُن کو بہترین فلم کرٹیک کے ایوارڈ سے نوازا ہے۔ دوبار اردو صحافت میں نمایاں کارکردگی کے لئے ماتر شری ایوارڈ حاصل کر چکے ہیں ان کے علاوہ متعدد کلچرل تنظیمیں اُن کو ایوارڈ دے چکی ہیں صرف ہندوستانی

سنیما ہی پر نہیں عالمی سینما پر بھی اُن کی گہری نظر ہے اگر اُن کے فلمی مضامین اور فیچروں کو یکجا کیا جائے تو ایک ضخیم کتاب بن سکتی ہے۔ روزنامہ پرتاپ میں پہلے "دہلی ڈائری" اور بعد میں "شہرنامہ" کے کالم نگار کی حیثیت سے پروانہ ردولوی کی جو دھاک جم چکی ہے اس سے سب ہی واقف ہیں 'روزنامہ دعوت دہلی میں بھی" شہریار" کے قلمی نام سے انہوں نے بہت سے معیاری مضامین لکھے ہیں جہاں صالح ادب اور صالح صحافت کی کشش اُن کو لے گئی تھی مگر اقتصادی بدحالی حصہ میں آئی۔ پھر بھی اُنہیں کسی سے کوئی شکایت نہیں ہے۔ ۱۹۶۸ء کی دوسری ششماہی میں ڈاکٹر عبدالجلیل فریدی کے اصرار پر وہ لکھنو گئے اور مسلم مجلس کے اخبار قائد کی ادارت سنبھالی۔ اس زمانہ میں انہوں نے جو اداریے لکھے ان کے معیار کی بلندی کا اعتراف مولانا علی میاں جیسی بلند اور سنجیدہ شخصیت نے بھی کیا انہوں نے چند ہی دنوں میں قائد کو معنوی اور صوری اعتبار سے ایک معیاری اخبار بنا دیا۔

دسمبر ۱۹۶۸ء میں پرتاپ سے وابستہ ہونے سے پہلے وہ ایک جگہ جم کر کام نہ کر سکے۔ اُن کی سیمابی طبیعت نے اُنہیں کہیں ٹھہرنے ہی نہ دیا۔ کبھی وہ سید انیس الرحمٰن کے" ملک و ملت" کے ادارتی عملہ میں نظر آئے اور کبھی مولانا عبدالوحید صدیقی کے" نئی دنیا" کے ایڈیٹر انچارج کی صورت میں دکھائی دیے۔ اس سے پہلے انہوں نے بمبئی میں غلام احمد خاں آرزو کے اخبار ہندوستان کے ادارتی عملہ میں بھی کام کیا۔ وہ سیاست جدید کانپور سے بھی وابستہ رہے اور ۱۹۵۶ء میں کانپور سے خود اپنا اخبار سیاست نو نکالا جس نے صرف ایک سال میں اتر پردیش کے سب سے بڑے اخبار کی حیثیت حاصل کر لی۔ مگر ۱۹۵۸ء کے اواخر میں یہ اخبار بند ہو گیا۔ "سیاست نو کیسے نکلا اور کیسے بند ہوا"؟

یہ ایک دلچسپ داستان ہے جس پر شاید ہی وہ کبھی تفصیل سے روشنی ڈالیں گے۔ انہوں نے سلامت علی مہدی کے ساتھ ملّت لکھنو میں کام کیا۔ اور وجیہہ الدین کے پیغام میں بھی اپنے قلم کی جولانیاں دکھائیں۔

لکھنو میں اپنی صحافتی زندگی کے آغاز میں وہ مرزا منّے کے اخبار آزاد بنارس (وارانسی) اور مولانا عبدالباقی کے اخبار "پیام وطن" کے ایکزیڈیٹڈ نامہ نگار بھی رہے، بابو سمپورنانند اور سید علی ظہیر سے وہ سیاست لو کے زمانے میں بہت قریب تھے مگر کوئی فائدہ نہ اٹھا سکے کیونکہ کسی کے آگے ہاتھ پھیلانا ان کے مزاج کے خلاف تھا۔ پروانہ ردولوی کی سب سے بڑی خوبی (یا خامی ؟) یہ ہے کہ وہ کسی سے دبتے نہیں اور نہ مصلحتوں کا شکار ہوتے ہیں۔

جب پروانہ ردولوی نے اردو کے درباری شاعروں کا پوسٹ مارٹم شروع کیا تو دہلی کے ادبی حلقوں میں تہلکہ مچ گیا، درجنوں شاعروں ادیبوں اور دانشوروں نے اپنی صفائی پیش کی جو پرتاپ کے کالموں میں شائع ہوئی۔ اندرا جی کے دوبارہ برسرِ اقتدار آنے کے بعد ان شاعروں اور ادیبوں نے اپنی وفاداری کے ثبوت میں پروانہ ردولوی کی اُن تحریروں کا حوالہ دیا اور خوب فائدہ اُٹھایا۔ ان میں بھی پروانہ ردولوی کے بہترین دوست شامل تھے جن کے ساتھ اُس زمانے میں بھی پروانہ ردولوی کی شامیں گذرتی تھیں اور آج بھی گذرتی ہیں۔ ہاں کچھ لوگ ضرور اس مردِ بے باک وحق گو کے دشمن ہو گئے ایک قدآور شخصیت نے تو لال قلعہ میں پروانہ ردولوی سے انتقام لینے کے لئے غنڈوں کو بھی لگا دیا مگر ساحر ہوشیار پوری نے اُنہیں بچالیا۔ مگر دوسرے دن "عوام" نے رات کی بات چھاپ دی۔ پروانہ ردولوی

چاہتے تو اسے عوامی مسئلہ بنا سکتے تھے مگر وہ خاموش رہے کہ معاملہ اصولوں کا تھا اور ان کا عقیدہ یہ ہے کہ اچھے اصولوں کی فتح ہمیشہ ہوتی ہے وہ دوستی کو حق گوئی کی راہ میں حائل نہیں سمجھتے۔ یہی وجہ ہے کہ ان کے نیک نفس دوست اُن کی رفاقت سے دست بردار نہیں ہوتے۔ ۱۹۵۶ء سے میں اُن کی شریکِ زندگی ہوں۔ اِن ۴۴ برسوں میں، میں اُن کے دُکھ سُکھ کی ساتھی رہی ہوں وہ اپنے دشمن کو بھی غمگین اور پریشان نہیں دیکھ سکتے مگر اپنے اصولوں کا سمجھوتہ بھی نہیں کر سکتے۔ کتنے لوگوں کو وہ سڑک سے اٹھا کر لائے۔ خود فاقے کئے اور اُن کو پیٹ بھر کھانا کھلایا اور جب وہ اچھے عہدوں پر فائز ہو گئے تو اُن سے اپنی خدمات کا صلہ نہ مانگا بلکہ زیادہ سے زیادہ دور رہنے کی کوشش کی۔ کتنی غریب لڑکیوں، بیواؤں اور یتیموں کی مدد کی۔ اس کی تفصیل بیان کرنا میں ضروری نہیں سمجھتی مگر ایک واقعہ کا تذکرہ ضرور کرونگی جس سے اُن کی شخصیت اور رحم دلی پر روشنی پڑتی ہے" پہلی بیٹی کی شادی کے بعد وہ دوسری بیٹی کی شادی کی تیاریاں کر رہے تھے۔ جہیز کے جوڑے تیار ہو رہے تھے۔ ایک دن سب سے قیمتی جوڑا نکلوا کر لے گئے۔ کئی دن بعد بتایا کہ ایک غریب مولوی صاحب کی لڑکی کی شادی ہو رہی تھی اُسے دیدیا۔ آدھی تنخواہ بھی دے آئے۔ مجھے خوشی ہوئی کہ میرا شوہر کس قدر انسان دوست ہے۔ خدا کے فضل سے دوسری بیٹی کی شادی کافی دھوم دھام سے ہوئی اور اُسے اپنے خاندان کی تمام لڑکیوں میں سب سے زیادہ جہیز ملا ہے۔ جو لوگ پروانہ ردولوی سے کھنچتے ہیں اُن سے میں یہی کہوں گی کہ وہ اُن کے قریب آکر دیکھیں کہ وہ کتنے صاف دل اور پاک باطن انسان ہیں۔

اُمِ حبیبہ، ۱۶۵، حوض رانی، مالویہ نگر نئی دہلی۔

# ایک رنگا رنگ شخصیت

سات آٹھ سال پہلے کی بات ہے، میں نے اپنی ایک غزل روزانہ 'پرتاپ' دہلی میں برائے اشاعت بھیجی تھی۔ یہ غزل 'پرتاپ'، کے سنڈے ایڈیشن میں جس خوبصورت انداز میں شائع ہوئی تھی، اسے دیکھ کر دِل باغ باغ ہو گیا۔ ان دِنوں "پرتاپ" کا سنڈے ایڈیشن پروانہ صاحب ہی ترتیب دیتے تھے، ان سے میری کبھی کی دید شنید نہیں تھی، اس کے باوجود میری غزل کو خاص اہتمام کے ساتھ شائع کرنا؛ ان کے خلوص، ادبی دیانتداری اور ادب نوازی کا اعلیٰ نمونہ تھا۔ میرے شکریہ ادا کرنے پر موصوف نے تبسم زیرِلب کے ساتھ فرمایا کہ 'غزل اچھی تھی لہذا اسے نمایاں طور پر شائع کیا گیا'' پروانہ صاحب کی یہی بے لوث ادبی خدمت ان سے ملنے کی محرک بنی۔

میری ان سے پہلی ملاقات انہی کے چیمبر میں ہوئی۔ گورا رنگ جس پر گندمی رنگ کی ہلکی سی تہ، بھرا ہوا گول چہرہ، دو چمکتی عقابی آنکھیں جو گول زیادہ اور بادامی کم ہیں، شانے بھرے ہوئے اور مضبوط، کھدّر کا کرتا اور پائجامہ؛ کھدّر کا ہی ایک جھولا، فکرِ دوراں میں۔ سر کے بال اُڑتے جا رہے ہیں، کلین شیو، مجھے یہ بات سمجھنے میں دیر نہیں

لگی کہ موصوف سیاست میں دلچسپی لیتے ہوں گے، میرا اندازہ صحیح تھا، وہ پچاس کے پیٹے میں تھے، سیاست سے ان کو شدید علمی لگاؤ تھا، لیکن جوانی کے ساتھ ساتھ ان کی سیاسی دلچسپی بھی قصہ پارینہ بن چکی تھی، اب وہ پتلون اور شرٹ پہننے لگے ہیں۔ باریک مونچھ بھی رکھ لی ہے، ہمہ دم کندھے پر لٹکنے والا جھولا کہیں طاقِ نسیاں پر رکھ دیا گیا ہے۔

چیمبر میں داخل ہوتے ہوئے ایک انجان آدمی کو دیکھ کر وہ احتراماً کھڑے ہو گئے اور جب میں نے اپنا نام بتایا تو بڑے تپاک اور خندہ پیشانی کے ساتھ مجھ سے مصافحہ کیا۔ کرسی پیش کی، خاطر مدارات بھی ہوئی۔ دورانِ گفتگو جب انہیں یہ معلوم ہوا کہ دلی میں میری ملاقات بہت محدود تھی تو موصوف نے مجھے اور اپنے آپ کو "ایک چکر ہے مرے پاؤں میں زنجیر نہیں" کی زندہ مثال بنا دیا۔ وہ مجھے روزانہ کسی نہ کسی ادبی ہستی سے ملاتے، یہی نہیں کافی دوڑ دھوپ کر کے انہوں نے "ایک شام مجنی کے نام" کا بھی اہتمام کیا، یہ جلسہ اردو گھر میں ہوا تھا۔ جس کی صدارت خلیق انجم صاحب نے فرمائی تھی۔ اس جلسے میں دہلی کے درجنوں ادیب اور شاعر شامل ہوئے، مجھے روشناس خلق کرانے کے لئے پروانہ صاحب نے جتنی دوڑ دھوپ کی وہ نہ بھولنے کی چیز ہے اور اُسے ہمیشہ یاد رکھوں گا۔ پروانہ صاحب نے جس طرح میری عزت افزائی فرمائی، وہ ان کی 'ہابی' ہے جو اس دور میں شاذ و نادر دیکھنے کو ملتی ہے۔

اسی 'ہابی' کی بنا پر ان کے دوستوں اور ملنے والوں کی فہرست بہت طویل ہے بنارس، لکھنؤ، کانپور اور دلی کے بہت سے ادیب اور سیاسی چہرے ان کے ذہنی البم میں موجود ہیں۔ ان میں شاعر بھی ہیں اور ادیب بھی، محقق بھی ہیں اور مبصر بھی، مدیر بھی ہیں اور نامہ نگار بھی، سیاست داں بھی ہیں اور اللہ والے بھی، ان کی تازہ ترین تصنیف میں جسے "یادوں کی پرچھائیاں" کہیئے۔ احباب کے کچھ چہرے "مشتے نمونہ از خروارے" کی شکل میں سامنے آئیں گے۔

احباب کے یہ مختصر خاکے اردو ادب کی تاریخ کے اہم اوراق ہیں، جنہیں سنبھال کر رکھنا اردو سے پیار کرنے والوں کا فرضِ اولیں ہے۔

؎ خیرے کن اے فلاں وغنیمت شمار عمر
زاں پیشتر کہ بانگ برآید فلاں نہ ماند

حسن نجمی سکندرپوری
اے۔ ۹۹، وویک وہار فیز۔۲ دہلی،
۱۱۰۰۹۵
المرقوم ۱۴؍ستمبر ۱۹۸۹ء

# وضع دار انسان

سید میثم تمار پروانہ ردولوی ثم الدہلوی، کچھ برس پہلے ایک کتاب چھپی تھی، " اپنی یادیں ردودلی کی باتیں"، جو وہاں کی نمایاں شخصیتوں کے تذکرے پر مشتمل ہے۔اس میں ان کا یہی نام درج ہے،

میرے لگ بھگ بیس بائیس سال پرانے ملنے والے ہیں۔ میں ان دنوں ماہنامہ "تحریک"، کے ادارتی عملے میں تھا۔ اور پروانہ غالباً نئے نئے روزنامہ" پرتاپ "،سے وابستہ ہوئے تھے، ان سے سرراہے گاہے ملنا تو پہلے بھی ہوجاتا تھا۔ لیکن باقاعدہ ملاقاتوں کا سلسلہ۔ جو آگے چل کر دوستی پر ختم ہوا کا اسی زمانے میں شروع ہوا۔ یہ ملاقاتیں بالعموم "تحریک"، کے دفتر ہی میں ہوا کرتی تھیں۔ جو ان دنوں ایک ادبی مرکز کی حیثیت رکھتا تھا اور دہلی اور بیرونِ دہلی کے اکثر نئے پرانے لکھنے والوں کے لئے کشش کا حامل تھا، دہلی کے کئی ادیب اور شاعر سنیچر کو دن ڈھلتے ڈھلتے "تحریک" کے دفتر کا رخ کرتے۔ شام گہری ہوتے ہوتے ایک چھوٹی سی محفل سج جاتی۔ جو رات گئے تک رہتی۔ ان محفلوں کا ذکر میں اس سے پہلے بھی کر چکا ہوں۔

پروانہ ان محفلوں کے مستقل حاضر باشوں میں تھے۔ اب تو ان کی خرابیِ صحت

نے، جو شاید حقیقی کم اور قیاسی زیادہ ہے، انہیں بہت زیادہ محتاط کر دیا ہے۔ لیکن ان دنوں ان کا یہ حال نہیں تھا۔ 'تحریک' کے دفتر سے اٹھ کر انہیں حلیم، نہاری یا تکوں کی طلب ستانے لگتی اور وہ اپنی اس طلب کو پورا کرنے کے لئے ایک دو دوستوں کے ساتھ جامع مسجد کا رخ کرتے۔ پروانہ حوض رانی میں رہتے ہیں، یہ علاقہ مالویہ نگر میں ہے، اور جامع مسجد کے علاقے سے بہت فاصلے پر ہے۔ لیکن مجھے یاد نہیں کہ انہیں گیارہ، بارہ، بجے سے پہلے کبھی گھر جانے کا خیال آیا ہو۔ ان کے پاس اپنی کوئی سواری نہیں تھی، جانے کے لئے دریا گنج سے بس پکڑنا ہوتی تھی جو اتنی رات گئے خاصا پریشان کن تھا۔ پروانہ اس پریشانی کو کبھی خاطر میں نہ لائے۔

اب اللہ کے فضل و کرم سے، کچھ بندگانِ خدا کے فیض سے، ان کے پاس اپنا سکوٹر ہے، وہ جب چاہیں اور جہاں سے چاہیں، سہولت سے گھر جا سکتے ہیں۔ لیکن اب ان کا معمول یہ ہے کہ ٹھیک پانچ بجے اپنے دفتر سے نکلے اور سیدھی گھر کی راہ لی۔ جب تک اپنے معالجین کی فراہم کردہ اطلاعات کو زیادہ قابلِ اعتنا نہیں سمجھا تھا، کسی دوست کو ساتھ لے کر کبھی کبھی پریس کلب جا بیٹھتے تھے، اب یہ سلسلہ بھی موقوف۔ میں نے ان سے کئی بار کہا کہ کسی حکیم یا وید سے بھی مشورہ کر لو، صرف ڈاکٹروں کے کہنے پر ترکِ دنیا کا فیصلہ کیوں کر بیٹھے ہو مگر جب وہ کوئی فیصلہ کر لیں تو اسے بدلوانا آسان نہیں۔

پروانہ صاحب کو لوگ ایک تجربہ کار صحافی اور مشاق مترجم کی حیثیت سے جانتے پہچانتے ہیں۔ صحافت ہی ان کی شناخت ہے۔ اپنی عملی زندگی کا آغاز انہوں نے لکھنؤ میں سلامت علی مہدی مرحوم کی معیت میں ایک اخبار نویس کے طور پر کیا تھا اور آج، تک وہ اسی پیشے میں ہیں۔ انہوں نے کانپور کے کچھ اخباروں میں بھی کام کیا اور شاید اپنا بھی کوئی اخبار نکالا۔ پھر مولانا عبدالوحید صدیقی انہیں دہلی لے آئے اور وہ ان کے اخبار 'نئی دنیا' میں کام کرنے لگے۔ دہلی میں انہوں نے کچھ اور اخباروں میں بھی کام کیا جن

میں جماعت اسلامی کا اخبار" دعوت" بھی شامل تھا۔یہ ان کی کڑی جدوجہد کے دن تھے جو" پرتاپ" سے ان کی وابستگی کے بعد ختم ہوئے۔ یکے بعد دیگرے" نئی دنیا" " دعوت" اور" پرتاپ" جیسے مختلف المزاج اخباروں کے لئے کام کرنا اس پر دلالت کرتا ہے کہ وہ اپنے پیشے میں ذہنی تحفظات کو دخل انداز نہیں ہونے دیتے۔

لیکن پرؔوانہ ایک اچھے صحافی اور مترجم ہی نہیں، شاعر اور سخن فہم بھی ہیں۔، شاعری کے تو نہیں لیکن سخن فہمی کے وہ خود بھی دعویدار ہیں اور اگر ایسا کرنا ضروری ہو جائے تو اپنی اس صفت کو بزور بھی منوانے کے لئے آمادہ ہو جاتے ہیں۔انہیں کوئی شعر پسند آجائے تو اس میں کچھ ایسی خوبیاں بھی ڈھونڈ نکالیں گے۔جو شاید اس میں موجود نہ ہوں اور اگر کوئی بد قسمت شعر ان کی کسوٹی پر پورا نہ اترے تو وہ سبھی معائب اس کا مقدر ٹھہریں گے۔جن کی فہرست سازی داؔغ، حسرؔت اور یگانؔہ وغیرہ کر گئے ہیں، آپ ان کی رائے کے ردّ میں جتنی دلیلیں دیتے جائیں گے، اپنی رائے کی اصابت پر ان کا اصرار بھی اتنا ہی بڑھتا جائیگا۔ اپنے شاعرانہ وجود کے اثبات پر نہ صرف یہ کہ انہیں اصرار نہیں، بلکہ وہ چند مخصوص احباب کو چھوڑ کر اس روپ میں دوسروں کے سامنے آنے سے بھی اکثر گریز کرتے ہیں، شعر وہ کبھی کبھار ہی کہتے ہیں۔ لیکن کہہ لیں تو دوستوں کو سنانے کے لئے بے چین ہو جاتے ہیں، اب تو دوسرے کئی معمولات کی طرح یہ معمول بھی دستبردِ زمانہ کی نذر ہوا،

لیکن کچھ مدّت پہلے تک تقریب شعر خوانی کے لئے وہ دوستوں کو باقاعدہ، مدعو کیا کرتے تھے، ان کی محفلوں کے خصوصی مدعوئین میں عام طور پر مجتبیٰ سکندر پوری، حیات لکھنوی، اقبال عمر، مجتبیٰ حسین، کمار پاشی، امیر قزلباش، معین اعجاز، چندر بھان خیالؔ اور راقم الحروف شامل ہوتے۔ پہلے وہ حاضرین میں موجود شعراء سے کلام سنانے کو کہتے۔ آخر میں خود سناتے، پروانہ ترنگ میں آگر اس کر وفر اور دبدبے کے ساتھ شعر

پڑھتے ہیں کہ تمام شعراء ماضی وحال ان کے سامنے بے بضاعت اور حقیر نظر آنے لگتے ہیں۔ مگر ان کی یہ ترنگ زیادہ دیر پا نہیں ہوتی اور اگلی صبح تک وہ شعر ہی ان کے حافظے سے محو ہو جاتے ہیں جو اس ترنگ کے خالق ہوتے ہیں۔ جہاں تک مجھے معلوم ہے پروانہ صاحب نے اپنے شعر کاغذ پر کبھی نہیں لکھے، ایسا کرتے تو اب تک ایک آدھ مجموعۂ کلام تو مرتب ہو ہی گیا ہوتا۔ مگر خدا کا کوئی کام حکمت سے خالی نہیں اور اس میں بھی خلقِ خدا کی عافیت کا ایک نہ ایک پہلو ضرور مضمر ہوگا۔ اب جو یہ ان کے قلم کے لکھے ہوئے خاکوں کا مجموعہ چھپ رہا ہے تو اس میں خدا کی یا خود صاحبِ قلم کی کیا مصلحت ہے، وہی جانیں۔

ویسے پروانہ عادتاً اور شاید فطرتاً بھی، عافیت دشمن ہیں، پرسکون تالاب میں کنکر پھینک کر انہیں قلبی سکون حاصل ہوتا ہے، اور اس عمل سے ٹھہری ہوئی لہروں میں جو ہلچل، جو بے چینی جاگتی ہے، ساحل سے اس کا نظارہ ان کی بہترین تفریح ہے۔

پروانہ دوستوں کے لئے دل میں محبت کا جذبہ رکھتے ہیں، دوستوں سے ان کا برتاؤ مخلصانہ ہے۔ لیکن اپنی حس کی خاطر جس کا میں ذکر کر رہا ہوں، وہ دوستوں کو بھی تختۂ مشق بنانے سے نہیں چوکتے۔ ان کا منشا کسی کو ضرر پہنچانا نہیں، محض اپنے لئے وقتی لطف اندوزی کا سامان پیدا کرنا ہوتا ہے۔ ان کے قریبی احباب ان کی اس افتادِ طبع سے چونکہ اچھی طرح واقف ہو چکے ہیں، اس لئے اب اکثر ان کے، وار، اکارت بھی جاتے لگے ہیں۔

پروانہ یوپی کے ایک قدیم قصبہ ردولی کے رہنے والے ہیں، اور قصباتی شرافت ان میں چاہے کوٹ کوٹ کر نہ بھری گئی ہو لیکن وہ اس سے بہرہ ور ضرور ہوئے ہیں، نئی دنیا سے علیحدگی پروانہ صاحب کے لئے غالباً کوئی خوشگوار واقعہ نہیں تھا۔ وہاں جس ماحول

ہیں اور جن شرائط پر اُنہیں کام کرنا پڑتا تھا وہ بھی کچھ زیادہ اطمینان بخش نہ تھیں لیکن اس اخبار کے مالک مولانا عبدالوحید صدیقی کا ذکر وہ اب بھی احترام سے کرتے ہیں۔ اور ان کے خاندان سے آج بھی ان کے قریبی مراسم ہیں، مولانا مرحوم کے صاحبزادگان اب جو رسالے نکال رہے ہیں، ان کے لئے وہ باقاعدگی سے لکھتے رہتے ہیں اور اپنے دل میں ان کے لئے نیک خواہشات رکھتے ہیں۔

پرؔوانہ صاحب "پرتاپ" کے مالک و مدیر کے۔ نریندر کے بھی زبردست مدّاح ہیں۔ انہیں "بڑے صاحب" کہتے ہیں سے۔ نریندر صاحب کے لڑکے انل نریندر ان کے "چھوٹے صاحب" ہیں۔ ان کے ساتھ بھی پروانہؔ صاحب کا رویہّ مودبانہ ہے۔

پروانہؔ صاحب کی زندگی بظاہر لاابالی رہی ہے۔ لیکن انہوں نے اپنی ذمہّ داریاں بدرجہ اتم پوری کی ہیں۔ بیوی بچّوں کو انہوں نے کبھی شکایت کا موقع نہ دیا۔ بچّوں کو پڑھایا لکھایا، لڑکوں کو اچھی ملازمتوں سے لگایا، لڑکیوں کے اچھے گھرانوں میں رشتے کئے۔ اور دہلی جیسے شہر میں جہاں بہادر شاہ ظفر کو دفن کے لئے دو گز زمین بھی نہ ملی تھی وہ تین چار مکانوں کے مالک ہیں۔ اس سے بخوبی اندازہ لگایا جاسکتا ہے کہ تمام تر ظاہری بے ترتیبی کے باوجود موصوف نے اپنے شب و روز کو کس نظم و ضبط کا پابند رکھا ہے اور دل اور دنیا کے جھگڑے میں دنیا کا ساتھ دیا ہے۔

پرؔوانہ وضع دار انسان ہیں۔ برسوں پہلے جن لوگوں سے ان کی دوستیاں قائم ہوئیں، وہ آج بھی ان کے دوست ہیں اور اپنی اس افتادِ مزاج کے باوجود جس کا میں اوپر ذکر کر آیا ہوں، ان کے کسی دشمن سے ملاقات کی مسرّت ان کے کسی شناسا کو آج تک حاصل ہوئی نہیں۔ اس کے پیچھے کیا راز ہے۔ یہ میں نے ان سے کبھی پوچھا نہیں

زیرِ نظر کتاب، جیسا کہ آپ دیکھ رہے ہیں۔ ان اشخاص کے خاکوں پر مشتمل ہے جنہیں پروانہؔ صاحب نے قریب سے دیکھا ہے۔ ان خاکوں کی ایک نمایاں خوبی تو ان

کی سادہ، سلیس، نپی تلی اور رواں دواں نثر ہے، دوسرا وصف یہ ہے کہ کسی شخص کا جو عکس خاکہ نگار کے ذہن میں ہے، اس نے وہ ہو بہو پیش کر دیا ہے۔ نہ رشید احمد صدیقی کی طرح کرداروں کو سجا سنوار کر سامنے لانا چاہا ہے نہ منٹو کی طرح دانستہ کسی کے "سر مونڈن"، کی رسم انجام دی ہے، افسانوی عنصر سے بھی انہوں نے دامن بچایا ہے۔ جو ہمارے زمانے کے ایک نامور خاکہ نگار مجتبیٰ حسین کے خاکوں میں کہیں کہیں حاوی عنصر کی حیثیت حاصل کر لیتا ہے۔

جن اشخاص کے یہ خاکے ہیں، ان میں سے کچھ، یا مجھ سمیت سبھی، ان کے بعض بیانات سے شاید زیادہ خوش نہ ہوں۔ لیکن یہ ناخوشی بے جا ہوگی۔ اگر چہرے پر کوئی دھبہ ہے اور وہ آئینے میں منعکس ہو رہا ہے تو آئینہ دکھانے والے کا کیا قصور؟ اس نے تو اتنا ہی کیا ہے کہ آئینہ چہرے کے سامنے کر دیا ہے، کہا جا سکتا ہے کہ آئینے میں بھی تو کچھ خراشیں ہو سکتی ہیں۔ اس امکان کو میں رد نہیں کرتا۔

آخر میں ایک بات بتاتا چلوں۔ اس کے باوجود کہ ردولی میں ہونے والے یوم مجاز کے مشاعرے میں شرکت کے لئے پروانہ ہر سال مجھ پر زور ڈالتے ہیں اور اس کے باوجود کہ اکثر صحبتوں میں انہوں نے میری شاعری کی تعریف و تحسین کی ہے انہوں نے مجھ سے اکثر کہا ہے کہ میں شاعر نہیں، ایک اچھا نثر نگار ہوں، اس کتاب میں بھی کہیں نہ کہیں، کسی نہ کسی پیرائے میں انہوں نے یہ ضرور کہا ہوگا۔ ان کے اس خیال سے اختلاف کا اظہار میں نے کبھی اس لئے نہیں کیا کہ وہ حسب عادت اس کا منفی اثر قبول کر لیں گے اور اپنی رائے میں اور راسخ ہو جائیں گے۔ میں ان کی اس رائے پر کوئی ردِ عمل ظاہر نہ کروں اور چپکا ہو رہوں تو کیا عجب ایک نہ ایک دن وہ اسے بدل ہی لیں۔

مخمور سعیدی

# احمد جمال پاشا

اس دنیا میں صرف وہی جیتے ہیں جو مر نہیں سکتے ۔ جمال جیسے حسّاس انسان کے لئے واقعی زندگی ایک سزا تھی خدا کا شکر ہے کہ اس نے خود کو اس مسلسل سزا سے بچا لیا۔ دسمبر ۱۹۸۶ء میں جب جمال ...... سے آخری ملاقات ہوئی تھی تب ہی میں نے یہ محسوس کر لیا تھا کہ وہ اندر ہی اندر مر رہے ہیں ان کے چہرے پر آسودگی سایہ فگن تھی ، اُن کی گفتگو کا لہجہ شکایت آمیز نہیں تھا ۔ اُن کے سر میں غرور و تکبّر کا سودا بھی نہ تھا اُن کے پورے وجود میں ایک طرح کا سکوت و سکون تھا وہ سکوت و سکون جو ایک خوددار ، معتبر اور مستند انسان میں ہوتا ہے ۔ ان صفات کا کسی میں ظاہر ہونا اس کے اندر ہی اندر مرنے کی واضح علامت ہے اس لئے میں نے یقین کر لیا تھا کہ اب جمال مرنے کی تیاری کر رہے ہیں ۔

میں نے ان سے کہا تھا ...... " جمال ' جو وقت تم مجھ حقیر کے ساتھ ضائع کر رہے ہو اسے اگر تم کسی مستند نقاد کے ساتھ گذارتے تو یہ تمہارے حق میں بھی اچھا ہوتا اور اردو کے حق میں بھی ' اور

جواب میں وہ صرف مسکرا دیئے تھے۔ مگر اُن کی یہ مسکراہٹ اس عام مسکراہٹ سے الگ انداز لئے ہوئے تھی جو ہر وقت ان کے چہرے پر رہا کرتی تھی۔ اس مسکراہٹ میں اُن کے اندر کے کرب کی شدّت اور "مستند" نقادوں سے اُن کی نفرت کی گھن گرج بھی تھی۔ یہ مسکراہٹ اُن کی اُن تیاریوں کی مظہر بھی تھی جو مرنے کے لئے وہ اندر ہی اندر کر رہے تھے۔ اللہ نے جمال کو دنیا کی تمام نعمتوں سے نوازا تھا۔ صرف اولاد کی نعمت سے وہ محروم تھے۔ انتقال سے دو سال قبل وہ حج کی نعمت سے بھی مالا مال ہو چکے تھے۔ میں سمجھا تھا کہ حج کرنے کے بعد وہ یقیناً مجھ کو فراموش کر دیں گے مگر ایسا نہ ہوا کیونکہ وہ بلا تفریق اللہ کے تمام بندوں سے پیار کرتے تھے۔ میں دل سے چاہتا تھا کہ دہلی آنے کے بعد وہ میرے دفتر اور میرے گھر کے چکروں میں جو وقت ضائع کرتے تھے اُسے بچا لیا کرتے۔ اور اُسے کسی بڑے اخبار کے ایڈیٹر کسی عالی جاہ اور کسی نقاد کی خدمت میں گذارا کرتے مگر وہ نہ مانے۔ مجھ پر اپنی داڑھی کا رعب ڈالنے اور اپنے ماتھے پر سجدے کے نشان سے شرمندہ کرنے کے لئے وہ میرے پاس آتے ہی رہے۔ دہلی کے آخری سفر میں تو جمال —— تین بار میرے پاس آئے۔ دن میں دفتر آئے شام کو دفتر کے پچھواڑے والے قبرستان سے ملحقہ چائے کے کھوکھے میں آ گئے۔ جہاں میں نے اقبال عمر اور معین الدین اعجاز کو بھی ٹیلی فون کر کے بلا لیا تھا۔ اور دوسرے دن علی الصباح میرے غریب خانے پر بھی پہنچ گئے کہ وہ جب بھی دہلی آتے تھے تو غریب خانے پر نہاری ضرور کھاتے تھے یہ نہاری کسی ہوٹل سے نہ آتی تھی بلکہ میری اہلیہ اُن کے لئے خاص طور سے تیار کرتی تھیں۔ دفتر کے پچھواڑے والے چائے کے کھوکھے میں میں نے ان کو گناہ بے لذت سے

بال بال بچالیا تھا۔ معین اعجاز اور اقبال عمر میرے اِس کارِ خیر کے گواہ ہیں ، اقبال عمر خالص لکھنوی انداز کی باتیں کرتے ہیں ، گومتی سے جمنا تک کا فاصلہ طے کرنے اور گذشتہ ۲۰ رسال سے دہلی میں مقیم رہنے کے باوجود انہوں نے اُس لکھنو کو آج تک نہیں اتارا ہے جو شعوری یا غیر شعوری طور پر لکھنؤ چھوڑتے وقت اُن کے اوپر چڑھ گیا تھا۔ حفظ مراتب کا قدیم تصور ابھی تک اُن کے ہاں باقی ہے ۔ جمال لگ بھگ اقبال عمر ہی کی عمر کے تھے ۔ دو، تین سال کی بزرگی ادبی دنیا میں کوئی بزرگی نہیں ہوتی مگر وہ اپنے بڑے بھائی شوکت عمر کا دوست ہونے کی وجہ سے اُنہیں اپنا بڑا بھائی ہی سمجھتے تھے ۔ اِس لیۓ انہوں نے اپنے جمال بھائی کے ایمان کی حفاظت میں ایڑی چوٹی کا زور لگا دیا تھا۔ ہاں تو میں یہ کہہ رہا تھا کہ جمال نے جتنی آمدورفت مجھ سے رکھی اگر اس کی ایک تہائی بھی آمدورفت دہلی میں اردو کی کسی معزز ہستی سے ان کی ہوتی تو اردو کا بڑے سے بڑا ایوارڈ ان کو مل چکا ہوتا اور شاید وہ ابھی زندہ ہوتے (مگر کیوں ؟)

مگر جمال نے زندگی میں ہمیشہ غلط فیصلے کۓ ہیں ، صحافت کا پیشہ ترک کیا ، لکھنو سے ہجرت کر کے سیوان (بہار) کو اپنا گھر بنایا ۔ اردو کی ”معتبر“ اور معزز ہستیوں“ سے اس طرح بھاگتے رہے جیسے نشہ کھٹائی سے بھاگتا ہے اور دوستی کی تو ہم جیسے ناکارہ لوگوں سے جن کے ہاتھ میں نہ دین ہے نہ دنیا جوان کو ٹھیک سے نہاری بھی نہ کِھلا سکتے تھے ۔ مگر میری بیوی کا قول ہے کہ غلط فیصلے اچھے لوگ ہی کر سکتے ہیں۔ اس لیے میں جمال کو اچھا انسان ماننے پر مجبور ہوں ۔ امیر قزلباش

کو بھی میں اِسی وجہ سے اچھا انسان مانتا ہوں کہ میری بیوی اُسے اچھے لوگوں میں شمار کرتی ہے ۔ اور واقعی جمال بہت اچھے انسان تھے رہا ہیں ؟) کیونکہ انہوں نے آج تک کسی کی دل آزاری نہیں کی اور جس شخص نے بھی اُن کی دِل آزاری کی اُس کو انہوں نے پہلی فرصت میں معاف کر دیا ۔ انہوں نے آج تک کسی کو دھوکہ نہیں دیا اور جس نے بھی اُن کو دھوکہ دیا اُس کو انہوں نے اپنا لیا ۔

جمال نے زندگی بھر کسی کی خوشامد بھی نہیں کی اور جس نے بھی ان کی خوشامد کی اُسے انہوں نے اپنے دوستوں کی صف سے خارج کر دیا ۔

جمال کا ایک فقرہ آج تک میرے کانوں میں گونج رہا ہے ۔ بہ ظاہر یہ ایک عام فقرہ تھا ——— ''مراد آباد میں مُردہ زندہ ہوگیا ۔'' ایک چوٹی کے مزاح نگار کی زبان سے عامیانہ انداز کے اس فقرے کا ادا ہونا کوئی بڑی بات نہیں کہی جاسکتی مگر ایک پوری تہذیب اور تحریک کی مُردہ تاریخ موجود تھی ۔ اس فقرہ میں جو ستمبر ۱۹۶۸ء کی ایک صبح جمال نے مجھے ٹیلی فون کر کے ادا کیا تھا ۔

ڈاکٹر عبدالجلیل فریدی ایک مخلص اور دیانتدار مسلم رہنما تھے مگر جز وقتی سیاست داں ہونے کی وجہ سے اپنے منصوبوں کو عملی جامہ نہ پہنا پاتے تھے ۔ یوپی میں ان کی مسلم مجلس نے وقتی طور پر مسلمانوں میں کافی رسوخ حاصل کر لیا تھا ۔ اس تنظیم کا ایک اخبار ''قائد'' تھا جو بد انتظامیوں کی وجہ سے آخری دموں پر تھا یہ اخبار ایک ٹرسٹ کی زیرِ نگرانی شائع ہوتا تھا جس میں مولانا علی میاں بھی شامل تھے اس کے منتظم اعلیٰ ایک سابق آئی ۔ اے ۔ ایس افسر تھے ۔ اُس زمانہ میں محتمد مسلم (بھوپالی)

"دعوت" دہلی کے چیف ایڈیٹر تھے ان کو بھی مجھ سے اتنی ہی محبت تھی جتنی جمال کو مجھ سے تھی۔ ڈاکٹر فریدی کی فرمائش پر وہ مجھے لکھنو لے گئے اور قائد کا ایڈیٹر بنا کر دہلی واپس آ گئے۔ جمال اُن دنوں قومی آواز میں خنفٹ انچارج (سب ایڈیٹر) تھے۔ قومی آواز سے قائد کا مقابلہ تھا مگر جمال سخن فہم تھے غالب کے طرف دار نہ تھے اس لئے ایک ہفتہ ہی گذرا تھا کہ انہوں نے مذکورہ بالا فقرے سے میری ہمت بڑھادی۔ مگر انہوں نے یہ بھی کہا تھا "دہلی کے سمندر کو چھوڑ کر تم لکھنو کی اس گڑھیا میں کہاں آ گئے۔"

اور دو ماہ بعد ہی میں لکھنو کی گڑھیا چھوڑ کر پھر دہلی کے سمندر میں واپس آگیا تھا۔

آخری ملاقات کے دوران جمال نے کہا تھا کہ وہ مجھ پر بھی کچھ لکھ رہے ہیں معلوم نہیں، انہوں نے یہ وعدہ پورا کیا یا نہیں۔ ہندوستان ٹائمز میں جمال کی موت کی خبر پڑھ کر جب میں رویا تو میری بیوی گھبرا گئیں۔ انہوں نے رونے کا سبب پوچھا تو میں نے بتایا جمال مر گئے۔ کہنے لگیں۔ "کون جمال؟—— وہی تو نہیں جو ہماری کھانے آتے تھے——" میں نے کہا "ہاں وہی جمال" اور میرا جواب سُن کر اُن کی آنکھوں میں آنسو آ گئے۔ میری چھوٹی بچی بھی رونے لگی۔ سیوان واپس جانے سے پہلے جمال نے مجھے اپنے دو غیر مطبوعہ مضامین دیے تھے۔ جی چاہا تھا کہ اِن دونوں مضامین کو چھپا کر رکھ لوں اور انہیں جمال کی موت کے بعد چھپواؤں تاکہ ادبی دنیا پر جمال سے میرے تعلقات کا سکہ جم سکے۔ ان پر ریسرچ کرنے والے اپنے تحقیقی مقالات میں میرے حوالے سے ان "آخری مضامین" کا ذکر کریں اور جمال کے ساتھ مجھے بھی شہرت ملے۔ مگر مجھ سے یہ نہ ہو سکا۔ ایک مضمون انیس جلالی کو دے دیا تھا کہ اسے حیات

میں چھاپ دیں، دوسرا مضمون بیسویں صدی کو بھیجنا تھا۔ حیات میں یہ مضمون آج تک نہیں چھپا (۶ مارچ ۱۹۸۸ء) اور بیسویں صدی والا مضمون میرے کاغذات میں گم ہو چکا ہے۔ فرصت ملی تو اسے تلاش کر کے اپنی شہرت کا سامان کروں گا۔

آخری ملاقات کے دوران ہمارے درمیان یہ بھی طے پایا تھا کہ ۱۹۷۷ء کا غالب انسٹی ٹیوٹ کا ایوارڈ جمال کو دلانے کے لئے ایک مہم شروع کی جائے۔ طے پایا تھا کہ جمال سیوان جانے کے فوراً بعد اپنی تمام کتابیں شفیع قریشی اور محترمہ عابدہ (فخرالدین علی) احمد کو بھیج دیں، پھر میں قریشی صاحب سے مل کر ان کے کان میں ڈالوں کہ طنز و مزاح کا ایوارڈ جمال صاحب کو ملنا چاہئے ـــــ انہوں نے سیوان جاتے ہی اس فیصلے پر عمل کیا تھا اور کتابیں بھیجنے کی اطلاع مجھے دے دی تھی۔ اس سلسلے میں غالباً اقبال عمر اور معین اعجاز کو بھی متوجہ کیا تھا مگر مصروفیات کی وجہ سے میں اس محاذ پر متحرک نہ ہو سکا تھا۔ اپنے آخری خط میں انہوں نے لکھا تھا "بوتل سے نکلو اور اس کام میں لگ جاؤ جس کا وعدہ کیا تھا۔" خط میں دو تین پیاری پیاری گالیاں بھی لکھی تھیں ـــ

لیکن اُن کی کتابوں کا پارسل کام کر چکا تھا۔ مجھے کسی سے ملنے کی ضرورت بھی نہ پڑی۔ قبل اس کے کہ میں بڑے بڑے پروفیسروں کی طرح غالب انسٹی ٹیوٹ کے ایوارڈ کا کریڈٹ حاصل کرتا، جمال مر گئے اور اُن کی موت نے انہیں اس ایوارڈ کا مستحق بنا دیا۔

# اقبال عمر

گول چہرہ، سانولی رنگت، متناسب خدّ وخال، چوڑی پیشانی، سڈول جسم اور ہاتھ میں چمڑے کا بیگ لئے ہوئے (جو اکثر سینہ سے اس طرح چمٹا رہتا ہے جیسے اس کے اندر جان سے عزیز کوئی شئی رکھی ہو) چھوٹے چھوٹے تیز قدم اٹھاتے ہوئے کالے فریم کا بینائی کا چشمہ لگا کے مٹک مٹک کر یہ جو صاحب چلے آرہے ہیں ان کا نام اقبال عمر ہے۔ لکھنؤ کے رہنے والے عمر انصاری کے بیٹے اور شوکت عمر کے بھائی۔ شاعری گھٹی میں پڑی ہے اور شرافت اس مادے میں شامل ہے جس سے ان کی نمو ہوئی ہے۔

بہ ظاہر بہت بے خبر ـــــ بے ضرر اور بے خطر، لیکن بہ باطن بہت باخبر، بڑی معصومیت اور خاموشی کے ساتھ اینٹ کا جواب پتھر سے دینے والے اور بوقت ضرورت نہایت بھرپور وار کرنے میں طاق۔ دیکھنے میں اللہ میاں کی گائے مگر اندر سے آزاد شیر کی طرح ہوشیار اور چوکس، بہت کم گو، نہایت وضعدار، لکھنوی شرافت کا نمونہ، تقدیم و تاخیر پر ایمان کی حد تک یقین، بڑے بھائی کے دوستوں کو بڑا بھائی اور والد محترم کے دوستوں کو عم معظم کا درجہ دیتے ہیں، ان سے دو قدم پیچھے چلتے

ہیں، ان سے پہلے بیٹھنا معیوب سمجھتے ہیں اور اگر بیٹھے ہوں تو ان کو دیکھ کر کھڑے ہو جاتے ہیں، ان کا سلام کرنے کا انداز نرالا ہے، پانچوں انگلیاں ماتھے پر رکھ لیتے ہیں اور ہتھیلی ناک کے اوپر، غالباً جب گھٹنوں چلتے ہوں گے تب بھی اسی طرح سلام کیا کرتے ہوں گے، بچپن کی عادت ہے اب کیا چھوٹے گی۔

مجھے اپنا بزرگ مانتے ہیں، اور چونکہ بزرگوں کے عدولِ حکمی کو گناہ عظیم سمجھتے ہیں، اس لئے میں جو کہوں اس پر عمل کرنے کی کوشش کرتے ہیں، دہلی آنے کے بعد گذشتہ دو دہائی میں جتنے گھر اقبال عمر نے بدلے ہیں اتنے گھر اپنی پوری زندگی میں غالباً میرے کسی اور آشنا نے نہیں بدلے ہوں گے۔ کبھی کالکاجی میں قیام پذیر ہیں، تو کبھی کیلاش کالونی میں اور کبھی نیتاجی نگر میں فروکش ہیں، تو کبھی دلشاد گارڈن میں یا لاڈو سرائے میں، گومتی سے جمنا تک انہوں نے جس انداز میں زندگی گذاری ہے وہ انہی کا حصہ ہے۔

پہلے دفتر سے نکلنے کے بعد ان کا بیشتر وقت کافی ہاؤس میں گذرتا تھا ـــــ لگ بھگ تین سال قبل، پہلی شادی کرنے کے بعد، اب بیشتر وقت گھر میں گذارنے لگے ہیں۔ اب وہ ایک بچی کے باپ بھی بن گئے ہیں، شادی کے بعد ان کی زندگی میں صرف یہی انقلاب رونما نہیں ہوا بلکہ وہ اپنا گھر بنانے میں بھی مصروف ہیں تاکہ اطمینان اور سکون کے ساتھ ایک جگہ رہ سکیں اور خانہ بدوشوں کی سی زندگی ختم ہو جائے۔

میری ہی طرح اقبال عمر بھی مارکسیسٹ ہیں، مگر میرے اور ان کے مارکس ازم میں زیادہ یکسانیت نہیں، اب میں مولانا اسحٰق سنبھلی کی طرح کا مارکسسٹ ہوں توحید، رسالت اور قیامت میں یقین رکھتا ہوں، نماز اور روزے کا بھی سہارا لیتا ہوں، امام حسین اور دیگر شہدائے کربلا کا شیدائی ہوں، جبکہ اقبال عمر؟ معلوم نہیں کس طرح کے مارکسسٹ ہیں۔

گذشتہ ۲۵ سال کے عرصہ میں میری دانست میں نہ انہوں نے کبھی نماز

پڑھی نہ روزہ رکھا۔ چند سال قبل رمضان شریف کے دنوں میں ایک رات معین اعجاز کے ساتھ غریب خانے پر تشریف لائے، میں روزے سے تھا۔ افطار کرنے کے بعد نماز پڑھی اور سو گیا اچانک آنکھ کھل گئی دیکھا اقبال عمر کھڑے ہو کے میرے بستر پر پیشاب کر رہے ہیں، مجھے ہنسی آ گئی اور بڑی دیر تک میں ہنستا رہا۔ انہوں نے میری ہنسی کا کوئی نوٹس نہیں لیا اور پیشاب کر کے پھر اپنے بستر پر چلے گئے۔ آج تک میں ان کے اس طرح پیشاب کرنے کی وجہ نہیں سمجھ سکا ہوں۔ کوئی ماہر نفسیات ہی اس کی وجہ بتا سکتا ہے۔

اقبال عمر جب پہلی بار عملی زندگی شروع کرنے کے لئے دہلی آئے اس وقت میں جماعت اسلامی کے اخبار ''دعوت'' میں کام کر رہا تھا۔ راجیو بھائی (راجیو سکینہ) نے ترجمہ کا کچھ کام چیکوسلواک ایمبیسی میں دلوا دیا تھا اور زندگی مزے میں کٹ رہی تھی۔ بھوپال والے مسلم صاحب ''دعوت'' کے ایڈیٹر تھے، وہ مجھ سے بہت شفقت فرماتے تھے ــــــ کبھی کہتے کہ دہلی کی ان مسجدوں کا سروے کرو جو غیروں کے قبضے میں ہیں کبھی فرماتے زنخوں اور زنانوں کے بارے میں معلومات حاصل کر کے لاؤ اور کبھی حکم دیتے کہ رکشا والوں پر معلومات افزا فیچر تیار کرو۔ انہوں نے جی بی روڈ کی عصمت فروش طوائفوں تک کو نظر انداز نہیں کیا اور ان کے حالات پر مشتمل ایک رپورٹ بھی مجھ سے تیار کروائی۔

دہلی کی مسجدوں سے متعلق سروے رپورٹ انہوں نے شائع نہیں کی۔ زنانوں اور زنخوں کے بارے میں میرا تحقیقی مضمون انہوں نے حیات اللہ انصاری صاحب کو مرحمت فرما دیا۔ معلوم نہیں اس کا کیا حشر ہوا۔ لکھنؤ میں کوئی صاحب اس موضوع پر ریسرچ کر رہے تھے، مسلم صاحب نے بعد میں بتایا کہ غالباً انصاری صاحب نے میرا مضمون ان کو دیدیا تھا۔ رکشہ والوں اور جی بی روڈ کی عصمت فروش عورتوں سے متعلق میرے مضامین بہرحال مسلم صاحب نے شائع کر دیئے تھے۔

دعوت میں میری نوکری یہودی کے باغ میں حضرت علی کی نوکری جیسی تھی، ـــــــ نہ چھٹیاں، نہ رجسٹر پر نام ـــ کبھی اداریہ لکھ رہا ہوں تو کبھی خبر و نظر کا کالم، کبھی نیوز ایڈیٹر کے فرائض انجام دے رہا ہوں تو کبھی مسلم مجلس مشاورت کے وفد کے ساتھ بہ طور رپورٹر دورے کر رہا ہوں، کبھی انگریزی اخباروں کے اداریوں اور مضامین کا ترجمہ کر رہا ہوں تو کبھی کسی فساد زدہ شہر میں جا کر وہاں کا آنکھوں دیکھا حال مرتب کر رہا ہوں۔

الغرض بالکل کچی نوکری تھی ـــ چونکہ میں شوکت عمر کا دوست تھا۔ اس لئے اقبال عمر دعوت کے دفتر میں مجھ سے ملنے کے لئے آ گئے۔ وہاں تمام آنے جانے والوں کو شک کی نظر سے دیکھا جاتا تھا۔ ان کو بھی شک کی نظر سے دیکھا گیا ـــ دو چار ملاقاتیں اسی حال میں ہوئیں، پھر وہ بالکل لاپتہ ہو گئے ـــ بعد میں پتہ چلا کہ نجم الحسن (مولانا) نے انہیں کو اپریٹوز فیڈریشن میں کوئی اچھی سی ملازمت دلوا دی ہے۔ دعوت چھوڑ کر میں چند ماہ کے لئے لکھنؤ چلا گیا۔ دراصل میں خود نہیں گیا تھا بلکہ لے جایا گیا تھا۔

مسلم صاحب (ایڈیٹر دعوت نے مجھے اپنے ساتھ لے جا کر لکھنؤ میں مسلم مجلس کے اخبار "قائد" کا ریذیڈنٹ ایڈیٹر بنا دیا تھا۔ یہ اخبار ایک ٹرسٹ کے تحت شائع ہوتا تھا۔ جس کے سربراہوں میں مولانا علی میاں ندوی بھی شامل تھے اور ناظم اعلیٰ مجتبیٰ صدیقی (ریٹائرڈ آئی اے ایس) تھے۔ اخبار کا دفتر حضرت گنج میں فریدی بلڈنگ میں تھا۔ ڈاکٹر فریدی نے، جو میرے خیال میں ۱۹۴۷ء کے بعد کے سب سے سنجیدہ اور بے غرض مسلم قائد تھے۔ اسی بلڈنگ میں میری رہائش کا بھی انتظام کر دیا تھا، میں نے شوکت عمر کو اس اخبار میں بطور سب ایڈیٹر رکھ لیا، صدیقی صاحب کو یہ بات ناگوار گذری، اس کے بعد شمیم رحمانی نے ڈاکٹر گوتم کو گولیوں سے بھون ڈالا۔ اس واقعہ

پریس نے ایک شذرہ لکھ دیا، چونکہ شمیم رحمانی کے خاندان سے صدیقی صاحب اور مسلم مجلس کے دیگر زعما کا گہرا تعلق تھا اس لئے ان کے منہ بگڑ گئے۔ حکم ہوا کہ میں اشاعت سے پہلے اداریے دکھلا لیا کروں، یہ بات میں نے نہیں مانی، تنخواہ بھی بہت کم یعنی صرف چار سو روپئے ماہوار تھی جس میں میرا گذارہ مشکل ہی سے ہوتا تھا۔ اس لئے میں نے "قائد" کی ملازمت ترک کردی اور دہلی واپس آگیا، وہاں محفوظ صاحب کو چھوڑ آیا تھا——

ڈاکٹر فریدی صاحب نے کئی ٹیلی فون کئے اور میری شرطوں پر واپس بلانے کی کوشش کی مگر، شوکت عمر کی تقرری اور شمیم رحمانی کے واقعہ پر ادارتی تبصرے کے بعد قائد ٹرسٹ کے بیشتر افراد کے رویّہ کے پیشِ نظر میں لکھنؤ واپس نہیں گیا، پھر محفوظ صاحب قائد کے ریذیڈنٹ ایڈیٹر اور بعد میں ایڈیٹر بن گئے۔ وہ قائد کا دفتر الہ آباد لے گئے اور کچھ دنوں کے بعد قائد بند ہو گیا۔

لکھنؤ سے آنے کے بعد میں نے یہ سوچا بھی نہ تھا کہ اب کیا کرنا ہے اور آرام سے گھر میں سو رہا تھا کہ روزنامہ پرتاپ کے ایڈیٹر شری کے نریندر کا خط ملا۔ ایک سال قبل میں نے پرتاپ میں ملازمت کے لئے درخواست دی تھی۔ ایک سال بعد جواب آیا تھا کہ "فوراً آکر کام شروع کر دو۔ ورنہ کسی دوسرے کو رکھ لیا جائیگا" اس طرح قسمت نے ایک دن بھی آرام نہ کرنے دیا۔ اور میں پرتاپ میں آگیا۔ یہ ۱۹۶۸ء کے اواخر کی بات ہے۔

پرتاپ میں آنے کے بعد میری زندگی میں ایک طرح کی ترتیب اور یکسوئی پیدا ہو گئی۔ وقت مقررہ پر دفتر پہنچنا اور وقت مقررہ پر دفتر سے باہر آنا۔ اس طرح وقت کی بھی کافی بچت ہونے لگی اور میں نے شام کو کافی ہاؤس جانا شروع کر دیا۔ وہیں ایک دن اقبال عمر پھر نظر آئے۔ مجھے دیکھتے ہی اچھل پڑے۔ "ارے

پروانہ بھائی آپ ؟ آپ تو لکھنؤ چلے گئے تھے ——؟ اقبال عمر نے حیرت زدہ ہوکر کہا اور میں نے بہت سکون سے جواب دیا۔ " لکھنؤ سے بھاگ آیا ہوں —— اب دہلی ہی میں رہوں گا ——" اقبال عمر کی باچھیں کھل اُٹھیں — پھر ہر شام کافی ہاؤس میں ان سے ملاقات ہونے لگی —— وہ میرے دفتر بھی آنے لگے۔ ایمرجنسی کے بعد درباری شاعروں کے خلاف میرے قلمی جہاد سے وہ بہت خوش ہوئے —— ان کی وساطت سے ایک نیا حلقہ احباب بھی ہاتھ آیا —— جیسے کے۔ کے کھلّر، چانن گوبند پوری اور اندر سروپ دت نادان وغیرہ۔

رفتہ رفتہ وہ میری شاموں کے مستقل ساتھی بن گئے —— کافی ہاؤس، پرتاپ بھون کی کینٹین، تحریک کا دفتر، غالب اکیڈمی اور دہلی کے مختلف علاقوں میں ان کے گھروں پر یا میرے گھر پر ہم دونوں کی ملاقاتیں معمول کی بات بن گئی، اس طرح وہ میرے دوست بن گئے —— لیکن اس دوستی میں بھی انہوں نے اپنی خوردی اور میری بزرگی کا ہمیشہ خیال رکھا۔ اب تو وہ میرے گھر سے ملحق جہاں پناہ نامی بستی میں رہتے ہیں اور حسبِ خواہش کسی وقت بھی ہم ایک دوسرے سے ملاقات کر لیتے ہیں۔ لیکن جب ہم ایک دوسرے سے بہت دور رہا کرتے تھے تب بھی قربت کا گہرا احساس تھا۔

اقبال عمر کا ایک مجموعۂ کلام "عرضِ واقعی" شائع ہو چکا ہے۔ دوسرا مجموعۂ کلام زیرِ ترتیب ہے۔ میرے خیال میں وہ ایک باخبر شاعر ہیں، ان کے اشعار میں عصری آگہی بھی ملتی ہے اور غزل کی روایتی کسک بھی۔ پراگندہ خیالی سے ان کی شاعری بالکل آزاد ہے۔ میرے لئے اقبال عمر کی اہمیت کی ایک وجہ یہ بھی ہے کہ ان سے مل کر غریب الوطنی کا احساس بالکل ختم ہو جاتا ہے۔ ان سے اپنے زمانے کا لکھنؤ اور لکھنؤ کے لوگوں کی باتیں کر کے دل و دماغ کو بڑا سکون ملتا ہے۔

مرزا جعفر علی خاں اثر، سراج، قدیر شعور بریلوی، امین سلونوی، اسلم لکھنوی، شیخ ممتاز حسین جونپوری، خان محبوب طرزی، استاد رشید، اقبال صدیقی بابو خاں، عبد المنان، حفیظ نعمانی، کتابی دنیا کے اظہر صاحب، اور نسیم انہونوی وغیرہ کی باتیں ـــ دوسرے ادیبوں، شاعروں اور صحافیوں کے قصے ـــ سیاسی لیڈروں ـــ چھوٹے موٹے دوکانداروں اور کھلاڑیوں کی باتیں، محلّوں، پارکوں، تاریخی عمارتوں، پرانی مسجدوں، تعلیم گاہوں اور گلی کوچوں کے قصے ـــ ان اذکار سے ہم دونوں کو بڑی تسکین حاصل ہوتی ہے ـــ

لکھنؤ کے شیعہ اور سُنّی دونوں ہی عقائد کے معاملے میں رواداری کے قائل نہیں ہیں۔ اب تو وہ ایک دوسرے پر قاتلانہ حملہ کرنے سے نہیں باز آتے۔ آج بھی دونوں فرقے تعصب کی کھائی کے دو متضاد دہانوں پر کھڑے ہیں، باہمی نفرت میں روز افزوں اضافہ ہو رہا ہے۔ دوریاں بڑھ رہی ہیں، قربتیں گھٹ رہی ہیں مگر اقبال عمر ان تمام تعصبات، نفرتوں اور فاصلوں سے بے نیاز ہیں۔ اوّل تو ان سے کبھی مذہب اور عقیدہ پر گفتگو ہی نہیں ہوئی اور اگر کبھی ہوتی بھی ہے تو ایسا لگتا ہے کہ ہم دونوں ایک ہی تھیلی کے چٹّے بٹّے ہیں۔

خدا اقبال عمر کی عمر دراز کرے کہ ـــ ایسے شریف، نیک، وضعدار، بامروت اور خلیق انسانوں کی ہر دور میں ضرورت رہی ہے اور آئندہ بھی رہے گی۔

اب اقبال عمر نے جنوبی دہلی کے ایک خوبصورت علاقہ سنگم وہار میں اپنا مکان تعمیر کر لیا ہے۔ اس طرح وہ تبدیلیٔ مکان کے کرب سے نجات حاصل کر چکے ہیں۔ اُن کا مکان کوہ اراولی کے دامن میں ہے۔ جہاں سے طلوع آفتاب اور غروب آفتاب کے مناظر دیکھتے ہی بنتے ہیں۔

# امیر قزلباش

امیر قزلباش دہلی کے رہنے والے ہیں، قزلباش کے لغوی معنی "لال پگڑی والا ترک" کے ہیں مگر وہ کسی پہلو سے بھی ترک نظر نہیں آتے۔ چال ڈھال اور چہرے مہرے سے وہ بالکل مغل لگتے ہیں، انہوں نے ایک ایسے خاندان میں شادی کی ہے، جس کا ان کے خاندان سے دُور کا بھی رشتہ نہ تھا، ان کی بیوی ساحرہ بھی شاعرہ ہیں شاید شاعری اِس شادی کی قدر مشترک تھی۔ وہ کہتے ہیں کہ واقف مرادآبادی ان کے استاد تھے۔ میں نے بھی ان کو آتے جاتے آصف علی روڈ پر واقع واقف مرحوم کے کوارٹر کے باہر چارپائی پر اپنے منہ بولے استاد کے پاس بیٹھے دیکھا ہے۔ اکثر چارپائی کے پاس ہی ایک بکری بھی بیٹھی ہوئی دیکھی ہے۔

ایک زمانہ میں امیر قزلباش خود کو بہت حسین اور اسمارٹ سمجھتے تھے۔ اور چونکہ ہر خوبصورت اور چاق و چوبند آدمی فلم سٹار بننا چاہتا ہے اس لئے امیر قزلباش کو بھی فلم سٹار بننے کا شوق پیدا ہوا تھا۔ اور وہ دہلی سے بن سنور کر بمبئی گئے تھے۔ مگر چونکہ صرف خوبصورت اور اسمارٹ ہی نہیں بلکہ سمجھدار بھی تھے۔ اِسلئے جلد ہی دہلی واپس آگئے اور فلم سٹار بننے سے تو رہ گئے۔ مگر آخر میں فلمی شاعر

ضرور بن گئے۔ انہوں نے سب سے پہلے راجکپور کی فلم پریم روگ کے لئے ایک گانا لکھا ــــ میری قسمت میں تو نہیں شاید ــــ پھر آئی ایم گنو کی فلم ـــــ کے گانے لکھے، راجکپور کی فلم " رام تیری گنگا میلی " کے لئے بھی انہوں نے دو گانے لکھے چند اور فلموں میں بھی ان کے گانے گائے گئے۔ اب وہ ٹیلی فلمیں بھی بنانے لگے ہیں۔ شروع میں وہ ترنم سے اپنا کلام سناتے تھے اور چونکہ ترنم اچھا تھا اس لئے مشاعروں میں چلنے لگے تھے۔ بعد میں انہوں نے ترنم سے توبہ کرلی۔ چونکہ ان کی شاعری اچھی تھی اسلئے دُور دُور کے مشاعروں میں چہکنے لگے ـــــ پھر ان کی فلمی شہرت بھی کام آنے لگی۔ مگر سامعین سے دو دو باتیں کرنے کی ان کی عادت ان کے لئے روز بروز خطرہ بنتی جارہی ہے۔ اگر یہ عادت انہوں نے ترک نہ کی تو مشاعروں میں ان کی شرکت مشکوک بن جائے گی۔

امیر قزلباش کو میں پیارے امیر میاں کہتا ہوں۔ امیر میاں کو موت سے بہت ڈر لگتا ہے۔ مگر یہ تعمیری ڈر نہیں ہے۔ اگر یہ تعمیری ڈر ہوتا تو وہ روزہ، نماز کے پابند باشرع مسلمان بن جاتے اور ان کا ہر قدم دین کی راہ میں اٹھتا ـــ یہ ڈر کچھ اتنا تخریبی ہے کہ وہ اللہ میاں کے بارے میں بھی الٹی سیدھی باتیں کرنے لگتے ہیں۔ میں نے برسوں کی شناسائی کے دوران صرف ایک بار اُنہیں " دین کی راہ " پر چلتے ہوئے پایا ـــــ غالباً فروری ۱۹۸۹ء کے پہلے ہفتہ میں انہوں نے ایران کلچرل ہاؤس کے ایک اسلامی مشاعرہ میں شرکت کی اور امام خمینی کی شان میں قصیدہ پڑھا۔ سنا ہے کہ وہ اکثر " دین کی راہ " پر چلا کرتے ہیں۔ اور امروہہ وغیرہ کے مقاصدوں میں بھی باقاعدگی سے شرکت کیا کرتے ہیں۔

شاعری کے علاوہ ایک اور فن میں بھی امیر میاں طاق ہیں۔ یہ فن ہے ہم عصروں کی نقل اُتارنے کا۔ ان کی ہر نقل مطابق اصل ہوتی ہے۔ ساغر نظامی

سے لیکر حیات لکھنوی تک جن حضرات سے ان کی شناسائی رہی ہے اُن سب کی کاپی کرنے میں انہیں مہارت حاصل ہے ، انہیں اچھا کھانے، اچھا پہننے اور اچھے لوگوں سے تعلقات بڑھانے کا جنون کی حد تک شوق ہے مگر بعض اوقات وہ اچھے اور برے کی تمیز کھو دیتے ہیں۔ اچھے کو نظر انداز کر دیتے ہیں اور برے کو اپنا لیتے ہیں اور جب انہیں اپنی غلطی کا احساس ہوتا ہے اس وقت اِصلاحِ حال کا امکان باقی نہیں رہ جاتا۔ صرف ماہرین نفسیات ہی نہیں بلکہ امیر قزلباش سے دو چار ملاقاتوں کے بعد ہر شخص یہ محسوس کر سکتا ہے کہ ان کی زندگی میں کوئی خلا رہ ہے۔ جس کو پُر کرنے کی کوشش میں وہ ناکام ہیں ، ان کی یہ ناکامی ایک کرب کی شکل اختیار کر لیتی ہے۔ اور ان کا یہ کرب ان کی شاعری کی شناخت بن چکا ہے۔ امیر قزلباش صرف ایک بیٹی کے باپ باقاعدہ طور پر ہیں ۔ اپنی بیٹی "دتّو" سے انہیں بے پناہ محبت ہے۔ ان کی بیٹی بھی انہیں بہت چاہتی ہے۔

فروری ۱۹۸۹ء کے دوسرے ہفتہ میں امیر قزلباش نے نہ جانے کیوں ایشیاڈ گاؤں کا عالیشان مکان چھوڑ کر مٹکا پیر کی درگاہ سے ملحق ایک کوارٹر میں رہائش اختیار کر لی ـــــ دیکھتے ہی دیکھتے اُن کا یہ کوارٹر دہلی کے ان شاعروں اور ادیبوں کی پناہ گاہ بن گیا جو امیر کے بے تکلف دوست ہیں ، ـــــ کماریاشی شجاع خاور حیات لکھنوی، مخمور سعیدی اور زبیر رضوی وغیرہ کی شامیں اس کوارٹر میں گذرنے لگیں، شعر و ادب کی محفلیں سجنے لگیں ، لطائف و ظرائف کے مقابلے بھی ہونے لگے۔ اور اس سب کے نتیجہ میں پڑوسیوں کی نیند حرام ہونے لگی ـــــ مگر انہوں نے کبھی امیر سے شکایت نہ کی، شاید انہیں اپنی نیند سے زیادہ امیر کا قُرب عزیز تھا۔

بگڑے کاموں کو بنانے اور بنے کاموں کو بگاڑنے میں امیر قزلباش کا کوئی ثانی نہیں ہے۔ وہ انتہائی دلنشیں انداز میں اپنی بات پیش کرنے کا گُر جانتے ہیں،

اپنی پرکشش اور مسحور کن شخصیت کے بل پر وہ ہر شخص پر چھا جانے کے فن سے بھی واقف ہیں مگر بعض اوقات ان کا دلنشیں اندازِ تکلم اور ان کی مسحور کن اور پرکشش شخصیت ان کے لئے نہ سہی، مگر ان کے دوستوں کے لئے ضرور وبالِ جان بن جاتی ہے۔

امیر قزلباش ملازمت کو دنیا کی ذلیل ترین چیز سمجھتے ہیں۔ یہی وجہ ہے کہ انہوں نے کبھی ملازمت نہیں کی، ایک بار میں نے چاہا کہ روزنامہ پرتاپ میں جگہ دلادوں اس سلسلہ میں جتنے ابتدائی کام تھے سب میں نے کر لئے۔ لیکن عین وقت پر وہ کنی کاٹ گئے۔ کہنے لگے ـــ میں اپنا اخبار خود نکالوں گا ـــ اور اس طرح وہ اپنی آزادی کی حفاظت کرنے میں کامیاب ہو گئے۔

درگاہ شکا پیر سے نجی کوارٹر میں قیام کے دوران درگاہ کے سجادہ نشیں سے ان کا یارانہ ہو گیا۔ پیر صاحب کو وہ مشاعروں میں لے جانے لگے اور پھر ان سے مشاعروں کی صدارت بھی کروانے لگے۔ پیر صاحب سے امیر قزلباش کی انسیت کا راز کیا تھا یہ تو میں نہیں جانتا، مگر مجھے اتنا معلوم ہے کہ امیر کے حلقۂ احباب میں پیر صاحب کی عزت و احترام میں زبردست اضافہ ہو گیا۔ کچھ شاعروں نے پیر صاحب کی شان میں قصائد بھی لکھے۔ اس بدعت کا آغاز کمار پاشی نے کیا۔ ان کی "غزل در مدح پیر صاحب" کا مطلع ملاحظہ فرمائیے ؎

کرتا ہوں میں تیری مدحت سیّاں پیر

پھر میرے اظہار میں ندرت سیّاں پیر

حیات لکھنوی، راقم الحروف، شانتی دیر کول، چندر بھان خیال نے بھی "سیاں پیر" کے تعلق سے غزلیں لکھیں۔ سجادہ نشیں صاحب "سیاں پیر" کے نام سے مشہور ہو گئے۔ ان کو مریدوں کا ایک نیا حلقہ مل گیا۔ انہوں نے اس حلقہ کے لوگوں کی

خوب خاطر تواضع کی۔

ایک دن دوپہر کے وقت میں بھی امیر کے اس نئے نشیمن میں جا پہونچا ـــــ دیکھا احمد آباد کے محمد علوی زمین پر لیٹے ہوئے ہیں۔ اب سے چار چھ سال پہلے علوی فائیو سٹار ہوٹلوں سے نیچے نہیں اترتے تھے، ان ہوٹلوں میں دہلی کے شاعر اور ادیب جمع ہوتے تھے اور محمد علوی کی مدارات سے استفادہ کرتے تھے، ان میں بلراج کومل سے لیکر محمود ہاشمی تک اور عتیق الرحمٰن سے لیکر پروفیسر گوپی چند نارنگ تک بھی شامل تھے اس زمانے میں محمد علوی اُردو کے تنقید نگاروں کے چہیتے شاعر تھے، ہر طرف ان کا طوطی بولتا تھا۔ عوامی مشاعروں میں تو نہیں مگر ریڈیو اور ٹی وی کے مشاعروں میں اُن کا وجود ضروری بن گیا تھا، انہیں اس طرح لیٹا ہوا دیکھ کر پاکستان کا سر پھرا غریب شاعر اقبال ساجد یاد آگیا جس کو چند سال قبل محمد علوی نے دہلی کے ایک ہوٹل میں اپنے کمرے سے باہر پھینکوا دیا تھا۔ کیونکہ اس نے اس کمرے کی روایا کو توڑ کر کہا تھا کہ " محمد علوی کو وہ شاعری سکھا سکتا ہے ،، بہر حال میرے لئے یہ عبرت کا مقام تھا۔

دنیا میں ہر شخص محبت، پیار اور رفاقت کا متلاشی ہے، لیکن امیر کے یہاں ان چیزوں کی کچھ زیادہ ہی تلاش ہے، ان کی فطرت کی معصومیت کا مجھ کو بارہا احساس ہوا ہے۔ اکثر مجھے محسوس ہوا ہے کہ وہ محبت کے بھوکے ہیں۔ بے غرض دوستوں کے وہ متلاشی ہیں۔ اور رفاقت کو ترس رہے ہیں۔ امیر کی فکر مجھے ہمیشہ رہی ہے۔ مگر جب سے وہ مٹکا پیر والے کوارٹر میں آئے تھے۔ تب سے یہ فکر کچھ زیادہ ہی بڑھ گئی تھی۔ اِس فکرمندی کے کئی اسباب تھے مگر اس کا سب سے بڑا سبب یہ تھا کہ امیر تمام پابندیوں سے آزاد ہوگئے تھے اور دن رات کی تمیز ختم ہوگئی تھی۔ پھر انہیں اس کوارٹر کو خالی کرنا پڑا ــــ معاملہ تھانہ تک پہونچا، اخباروں نے خبریں شایع کیں، سیّاں پیر اور امیر کے دوسرے احباب کا جن میں ایک پولیس افسر بھی شامل تھا، امتحان

ہوگیا، کوئی فیل ہوا کوئی پاس ـــــ امیر کو بھی معلوم ہوگیا کہ کون اپنا ہے اور کون پرایا ـــــ مشکا پیر سے اٹھ کر وہ ادھر کھلا گئے اب وہ اپنے ایک دوست کے ساتھ صادق نگر میں مقیم ہیں۔ ان کی بیوی اور بیٹی ان سے الگ رہتی ہیں۔ اس علٰحدگی کا سبب کیا ہے، اِس کا علم امیر ہی کو ہوگا۔

ان واقعات سے متاثر ہوکر انہوں نے ایک خوبصورت نظم لکھی ہے، یہ نظم ان کے جذبات واحساسات کی آئینہ دار ہے، یوں تو امیر کی زندگی میں بہت سے نشیب وفراز آچکے ہیں۔ مگر میرے خیال میں آجکل (۱۹۸۹ء) وہ انتہائی کربناک حالات سے گذر رہے ہیں۔ اس کرب کو بھولنے کے لئے وہ مصنوعی طریقے استعمال کر رہے ہیں جن کی وجہ سے اُن کی صحت روز بروز خراب ہوتی جارہی ہے مگر انہیں اس کا کوئی احساس نہیں ہے۔ میری تو بس یہی دعا ہے کہ امیر کی زندگی میں ایک بار پھر ترتیب پیدا ہو اور وہ باقاعدگی کے ساتھ زندگی گذار سکیں،

# چندر بھان خیال

چندر بھان خیال سے میری ملاقات لگ بھگ بارہ سال قبل تحریک کے دفتر میں ہوئی تھی۔ مجھے ان سے مل کر نہ خوشی ہوئی نہ افسوس۔ پہلی ملاقات میں انہوں نے جو نظم سنائی وہ بھی مجھے متاثر نہ کر سکی۔ میں نے محسوس کیا کہ وہ بھوت پریت اور سانپ بچھو کے نرغے میں ہیں۔ ان کی شاعری میں اِن حشرات الارض کی موجودگی کا سبب کیا ہے۔؟ یہ سوال عرصہ تک مجھے پریشان کرتا رہا۔

پھر ان کا مجموعۂ کلام آگیا۔ ادبی دنیا میں ان کے اس مجموعۂ کلام کی آمد کے بعد اگر کوئی انقلاب رونما ہوا تو صرف یہ کہ مجھ سے ان کی ملاقاتوں کا سلسلہ بڑھ گیا اور ہم دونوں کسی حد تک بے تکلف بھی ہو گئے۔ میں نے ان کے مجموعۂ کلام ـــــ میں جتنے بھوت پریت اور سانپ پکڑے تھے ان کی تعداد اب مجھے یاد نہیں رہ گئی مگر اتنا ضرور یاد ہے کہ جب میں نے یہ تعداد چندر بھان خیال کو بتائی تو ان کا ردِّ عمل ایک شریف آدمی کا ردِ عمل تھا۔ وہ بڑی معصومیت سے ہنس دیئے اور بات آئی گئی ہو گئی۔ لیکن ان کی ہنسی میرے دِل میں گھر کر گئی۔

رفتہ رفتہ چندر بھان خیال کے بارے میں میری معلومات میں اضافہ ہونا شروع

ہوا۔ مجھے معلوم ہوا کہ وہ ایک پٹرول پمپ پر بطور کیشیر ملازمت کرتے ہیں۔ وہ مدھیہ پردیش کے ایک قبائلی علاقے کے رہنے والے ہیں۔ ان کے خاندان میں کسی نے کبھی اردو نہیں پڑھی۔ خود ان کی تعلیم ہندی میں ہوئی اور دہلی آنے سے قبل وہ اردو کے، حروف تہجی سے بھی ناواقف تھے۔ مگر دہلی آکر انہوں نے شاعری شروع کر دی۔ پہلے وہ اپنے اشعار دیوناگری رسم الخط میں لکھا کرتے تھے۔ پھر انہوں نے اردو لکھنا پڑھنا بھی سیکھ لیا۔ اردو اخبارات پرتاپ اور ملاپ کے مطالعہ نے ان کی ادبی معلومات میں تھوڑا بہت اضافہ کیا۔ پھر انہوں نے رام کرشن مضطر لکھوڑوی کی شاگردی باقاعدہ طور پر قبول کر لی۔ وہ خیالؔ کے کلام پر اصلاح دینے لگے۔ مگر وہ بھی ان کے ذہن سے بھوت پریت اور سانپ بچھو نہ نکال سکے۔

دھیرے دھیرے دہلی کے ادبی حلقوں میں انہیں پہچانا جانے لگا۔ پٹرول پمپ کی نوکری کے دوران ان کی آمدنی اچھی تھی۔ اس لئے وہ دہلی کے بجے ہوئے شاعروں ادیبوں اور نقادوں کی اچھی طرح خاطر تواضع بھی کر سکتے تھے اور ان کا تعاون بھی، حاصل کر سکتے تھے۔

اچانک خیالؔ دہلی سے لاپتہ ہو گئے۔ ڈیڑھ دو سال بعد جب دوبارہ دہلی میں نظر آئے تو معلوم ہوا کہ وہ بمبئی چلے گئے تھے ـــــ وہاں فلموں میں قسمت آزمائی کر رہے تھے۔ مگر ناکام رہے اس لئے دہلی دوبارہ واپس آ گئے ہیں اور بے روزگار ہیں۔ ان کے پرانے دوستوں نے انہیں نظر انداز کرنا شروع کر دیا تھا۔ مگر انہیں کسی سے کوئی شکوہ نہ تھا ان کی یہ ادا بھی مجھے بہت اچھی لگی۔ بالکل اس شریفانہ ہنسی کی طرح جو پہلے ہی میرے دل میں جگہ کر چکی تھی۔

میں نے خیالؔ کو مشورہ دیا کہ وہ خوب اردو لکھا کریں، انہیں ترجمہ کی طرف بھی راغب کیا اور کوشش کر کے قومی آواز کے شعبہ اشتہارات میں انہیں بطور مترجم ملازمت

دِلوادی۔ ان کی تقرری میں اطہر عزیز نے بڑی مدد کی۔ جو اُن دِنوں شعبۂ اشتہارات کے انچارج تھے۔ قومی آواز میں کام کرنے کی وجہ سے ان کی اردو کافی سُدھر گئی تھی اور ترجمہ کی رفتار بھی اچھی تھی۔ پھر قومی آواز بند ہو گیا اور چندر بھان خیال ایک بار اور سڑک پر آ گئے لیکن وہ زیادہ دن بے روزگار نہ رہے اور جلد ہی روزانہ 'تیج ،، میں اُنہیں بطور سب اڈیٹر کام مل گیا۔ پھر میں نے کوشش کر کے انہیں روزانہ ہزناپ میں سب اڈیٹر کی جگہ دِلادِی۔

دریں اثنار قومی آواز دوبارہ شروع ہو گیا اور وہ قومی آواز میں واپس چلے گئے مگر اب وہ شعبۂ اشتہارات میں مترجم نہ تھے بلکہ سب اڈیٹر تھے۔ اور اِس وقت تک سب اڈیٹر ہی ہیں، چندر بھان خیال کو میں دل سے چاہتا ہوں۔ اِس چاہت کی وجہ یہ ہے کہ اردو زبان، اور شاعری ان کو ورثہ میں نہیں ملی ہے۔ بلکہ انہوں نے اپنی کوشش سے انہیں حاصل کیا ہے۔ چونکہ وہ مدھیہ پردیش کے ایک قبائلی علاقہ کے رہنے والے ہیں۔ جہاں بھوت، پریت اور سانپ بچھو سماجی زندگی کا حِصّہ ہیں۔ اس لئے قدرتی طور پر ان کی ابتدائی شاعری پر ان کی چھاپ پڑی ہے۔

اب چندر بھان خیال کے شاعرانہ رُجحانات اور ان کے افکار میں کافی تغیرات رونما ہو چکے ہیں۔ چونکہ وہ باقاعدہ طور پر ایک صحافی ہیں اس لئے انہیں عصری مسائل کا اچھا خاصا اِدراک ہے جو ان کی شاعری میں بھی جھلکتا ہے۔ اردو ادب آج کل جن مصائب سے دوچار ہے ان میں یہ مصیبت بھی شامل ہے کہ ہمارے محقق اور ناقد کی معلومات کا دائرہ بہت تنگ ہے۔ وہ زیادہ چھان بین اور جستجو میں یقین نہیں رکھتے اور مُستند ہے میرا فرمایا ہوا ،، کے اصول پر عمل کرتے ہیں۔ یہی وجہ ہے کہ بہت سے محققین نے چندر بھان خیال کو پنجابی ادیبوں اور شاعروں میں شمار کر لیا ہے۔ حال ہی میں آزاد گلاٹھی کی ایک کتاب " اذکار ،، نظر سے گذری۔ جس کے ایک مضمون

میں انہوں نے چندر بھان خیال کو پنجاب نژاد شاعر قرار دیا ہے۔ انہوں نے پنجابی اور غیر پنجابی کا پتہ لگانے کے لئے غالباً نام کے سہارے کو ہی کافی سمجھا ہے۔ جب میں نے یہ بات خیال کو بتائی تو انہوں نے وہی دِل نواز قہقہہ لگایا جو اب ان کی شناخت بن چکا ہے۔

چندر بھان خیالؔ کے مذہبی تصورات کیا ہیں؟ یہ جاننے کی کوشش میں نے کبھی نہیں کی۔ لیکن مذہبی فلسفوں پر ان سے گفتگو کرنے کے بعد میں نے یہ اندازہ لگایا ہے کہ وہ اچاریہ رجنیش کے نظریات سے کافی متاثر ہیں۔ گوتم بدھ کے نظریات سے بھی وہ متاثر نظر آتے ہیں۔ رسول مقبول صلعم کی تعلیمات کا بھی وہ مطالعہ کر رہے ہیں اور آج کل وہ ایک طویل نظم سیرت پاک پر لکھ رہے ہیں، یہ ایک بہت بڑا کام ہے اردو میں طویل نظموں کی بہت کمی ہے۔ خاص طور سے بیسویں صدی کے اواخر میں طویل نظموں کا رواج قریب قریب ختم سا ہو گیا ہے۔ اس لئے یہ کہنا غلط نہ ہوگا کہ خیال کی یہ طویل نظم اردو ادب کے خزانے میں ایک بیش بہا اضافہ ہو سکتی ہے۔

اردو ادب کے خزانے میں ہندو شاعروں کی لکھی ہوئی سیکڑوں نعتیں موجود ہیں مگر کسی ہندو شاعر کی لکھی ہوئی ایسی نظم نہیں ہے جو سیرت مقدسہ کا پوری طرح احاطہ کرتی ہو۔ خیالؔ یہ کمی پوری کر رہے ہیں۔ اس لئے ہمارے شکریہ کے بھی مستحق ہیں اور ہماری اعانت و تعاون کے بھی سزاوار ہیں۔

اردو کی ترویج و ترقی کے سلسلہ میں مرکزی حکومتیں اور متعدد ریاستی حکومتیں جو سرمایہ فراہم کر رہی ہیں۔ ان سے زیادہ سے زیادہ فائدہ غالباً پروفیسر صاحبان اور ان ناقدوں کو ہی ہو رہا ہے جو اِن پروفیسر صاحبان کے محبوبِ نظر ہیں۔ بڑے افسوس کی بات ہے کہ اِن افراد پر مشتمل اردو کے اس "طبقۂ اشراف" نے چندر بھان خیالؔ کی جانب ذرہ برابر بھی توجہ نہیں مبذول کی ہے

اگر میرا بس چلتا تو میں ہندوستان کے ہر بڑے مشاعرے میں چندر بھان خیال کو مدعو کرتا، سامعین سے ان کا بھرپور تعارف کراتا، انہیں بتاتا کہ اردو کے اس عاشق چندر بھان خیال پر اردو کا جادو کس طرح چلا اور اس نے نہ صرف اردو لکھنا پڑھنا سیکھا بلکہ اردو میں شعر کہنا بھی شروع کر دیا۔ اور اب تو انگریزی سے اردو میں ہر طرح کا ترجمہ بھی کر لیتا ہے۔ مگر افسوس میں مجبور ہوں۔

لیکن اردو کے عام قاری سے میں یہ کہنے کی قدرت تو رکھتا ہی ہوں کہ وہ چندر بھان خیالؔ کی زیارت ضرور کریں اور اسے دیکھ کر اور اگر ممکن ہو تو اُسے سُن کر اپنے اس یقین کو مستحکم بنائیں کہ اردو ہندوستان کی زبان ہے اس کا جنم یہیں ہوا۔ وہ پورے ملک میں بولی، سمجھی اور پڑھی جاتی ہے۔ اس کی ترقی کا انحصار خود اس کی قوت نمو پر ہے۔ اُسے نہ کسی حکومت نے پیدا کیا ہے نہ کوئی حکومت مٹا سکتی ہے۔ اور نہ جانے کتنے چندر بھان خیالؔ اس کی کوکھ سے ابھی اور جنم لیں گے۔"

# حسن نجمی سکندرپوری

حسن نجمی سکندرپوری کو دیکھ کر یہ سوچنا ہی پڑتا ہے کہ وقت بے رحم چیز ہے، اب اُن کے وجود کے ہر حصے پر وقت کی پرتیں جمی ہوئی نظر آتی ہیں مگر وقت کی اِن پرتوں کو ہٹا کر اب سے تیس چالیس برس پہلے کے حسن نجمی کو تصور کی آنکھوں سے تو دیکھا ہی جا سکتا ہے۔

لمبا قد، گورا رنگ، بڑی بڑی آنکھیں، گول بھرا ہوا چہرہ۔ ستواں ناک، ابھری ہوئی چوڑی پیشانی اور باوقار چال ——— یہ سراپا رہا ہوگا اُن کا۔

نجمی صاحب ۱۰،۹ سال سے میرے ہمدرد و غم گسار ہیں، وہ صرف اچھے شاعر ہی نہیں بہت باخبر صحافی بھی ہیں، ان کا ادبی مطالعہ بہت وسیع ہے اور ان کے وجود میں مشرق کی تمام شرافتیں سمٹی ہوئی نظر آتی ہیں۔

پہلے میرے حلقہ میں وہ قبلہ و کعبہ کہے جاتے تھے اور انہیں یہ اپنا خطاب پسند بھی تھا۔ پھر معین اعجاز نے اُنہیں ”بڑے میاں“ کا نام دے دیا لیکن اپنے اِس نام سے وہ بالکل آگاہ نہیں ——— اُن کے اس نام سے صرف حلقہ احباب کے لوگ ہی واقف ہیں، عملاً ان کے منہ پر ہم میں سے

کسی کو بھی یہ ہمت کبھی نہیں ہوتی کہ اُن کو بڑے میاں کہیں ـــــ کئی سال قبل جب میرے پاس اُن کا آنا جانا بڑھا تو مخمور سعیدی نے اُنہیں "ٹمٹنغ پروانہ" کہنا شروع کر دیا۔ ان کا یہ نام بھی چند خاص دوستوں کے حلقہ میں اور خاص حالات میں لیا جاتا ہے۔ ایک بار میں نے مخمور سعیدی سے پوچھا کہ ٹمٹنغ کے معنی بھی تم کو معلوم ہیں؟ انہوں نے جواب دیا کہ "بالکل نہیں ـــــ ـــــ یہ لفظ کسی ادبی ڈکشنری میں نہیں ہے، صرف اتفاقیہ طور پر نہ جانے کہاں سے میرے ذہن میں آگیا تھا" ـــــ نجمی صاحب اپنے اِس عجیب و غریب نام سے واقف ہیں اور انہیں یہ بھی معلوم ہے کہ احباب نے ایک طویل پنچایتی نظم میں بھی اِس بے معنی لفظ کو باندھا ہے جس کا ایک شعر یہ بھی ہے ؎

"اے ٹمٹنغ پروانہ ـ تم لوٹ کے مت آنا"

اس نظم اور اِس نام کے ذکر کا مقصد صرف یہ بتانا ہے کہ نجمی صاحب سے ہم سب کی دوستی کتنی گاڑھی ہے۔ وہ ہمارے حلقہ کے بزرگ ترین رُکن ہیں ایک مدت تک انہوں نے اپنے وجود سے ہماری شام کی محفلوں کو رنگین بنایا ہے اور ہمارے درمیان تکلفات نام کو بھی نہیں پائے جاتے" میرا خیال ہے کہ دہلی آنے کے بعد ان کی شاعری میں جو تبدیلیاں رونما ہوئی ہوئی ہیں اُن میں اِن شام کی محفلوں کا بھی کچھ ہاتھ ہے۔

دہلی کے ادبی حلقے میں نجمی صاحب کو جو قابل احترام مرتبہ حاصل ہے اس میں خود نجمی صاحب کی نیکیوں کو بڑا دخل ہے۔ وہ کسی ادبی جھگڑے میں بالکل نہیں پڑتے اور متنازعہ فیہ ادبی مسائل میں بڑی احتیاط کے ساتھ اپنی رائے کا اظہار کرتے ہیں۔ مذہب اُن کا میدان نہیں ہے پھر بھی وہ مذہبی

لوگوں سے قریبی تعلق رکھے ہیں ۔ اِن میں مولانا اسعد مدنی بھی شامل ہیں جن سے وہ اکثر ملتے رہتے ہیں ۔

نجمی صاحب کی جس بات نے مجھے سب سے زیادہ متاثر کیا وہ ہے اُن کی باقاعدہ زندگی ۷۶ رسال کی عمر میں بھی وہ اپنے گھر کی ذمّہ داریوں کو کچھ اس طرح سنبھالے ہوئے ہیں کہ مجھ جیسے لاپرواہ لوگوں کو ان پر رشک آتا ہے ۔ اب تو وہ پان بھی نہیں کھاتے اور ان کی دیکھا دیکھی اُن کی بیگم نے بھی پان نوشی بند کر دی ہے ۔ جب کھاتے تھے تو اتنا ہی اہتمام کرتے تھے جتنا مولانا آزاد کے ہاں چائے کا اہتمام ہوتا تھا ۔ کتھا اور ڈلی کھاری باؤلی سے لاتے تھے اور پان 'دریبے سے ۔ اُن کے پان کھانے کا اہتمام دیکھکر شوکت تھانوی مرحوم یاد آتے تھے ۔ انہوں نے غبار خاطر کی پیروڈی " بارِ خاطر " میں پان نوشی کے جتنے آداب لکھے ہیں وہ سب حسن نجمی کی پان نوشی میں موجود تھے ۔

ہر شخص کو زندگی پیاری ہوتی ہے مگر حسن نجمی سکندر پوری کے ہاں زندگی سے پیار کا عنصر کچھ زیادہ ہی ہے ۔ میں نے بارہا یہ چاہا کہ اپنے اسکوٹر پر بٹھا کر انہیں اُن کے گھر تک پہنچا دوں مگر انہوں نے کبھی بھی یہ خطرہ مول نہیں لیا ۔ ایک بار نہ جانے کیوں وہ میرے اسکوٹر پر بیٹھ گئے ـــــ آئی ٹی او' سے اپنے گھر تک وہ مجھے اِس طرح پکڑے رہے جیسے بندر کا بچہ اپنی ماں سے چپکا رہتا ہے ۔ شاید دل ہی دل میں وہ "نادِ علی" کا ورد بھی کر رہے تھے' جس وقت اسکوٹر سے اُترے اُن کا چہرہ خوف و دہشت سے زرد تھا اور آنکھوں میں وہی چمک تھی جو موت کے منہ سے بچ نکلنے والے کے چہرے پر ہوتی ہے ۔

جب نجمی صاحب کا پہلا مجموعۂ کلام شب چراغ شائع ہوا تو انہوں نے میری تحریک پر ایک کاپی آجکل کو بھیج دی ۔ راز نرائن رازؔ نے تبصرے کے لئے

ان کا مجموعہ کلام ایک ایسے شخص کو دے دیا جسے شاعری کی ایک آنچ بھی نہیں لگی تھی موصوف نے یہ سوچ کر کہ کوئی نیا شاعر ہے. جو تبصرہ کیا اس میں دوسری بے سر دپا باتوں کے ساتھ یہ بھی لکھ دیا کہ" حسن نجمی سکندر پوری کی شاعری میں ایک آنچ کی کسر ہے." جس کی شاعری کے بارے میں حکم چند نیر، حنیف نقوی، قمر رئیس، مخمور سعیدی، انیس جلالی اور دوسرے باخبر شاعروں ادیبوں اور نقادوں کا مجموعی تاثر یہ ہوا کہ" اُن کی شاعری کی معنوی فضا اردو غزل کی مانوس فضا ہے وہ اگرچہ روایت کے پابند ہیں لیکن اس کے غلام نہیں۔ یوں تو اُن کے ذوق شعری کی تربیت کلاسیکی شاعری کے زیر اثر ہوئی مگر ترقی پسند تحریک سے وابستگی نے اُن کے شعور کو نئی وسعتیں دی ہیں وغیرہ وغیرہ" اس کی شاعری کے بارے میں کوئی مبتدی ہی یہ کہہ سکتا ہے کہ اس میں ایک آنچ کی کسر ہے۔ اس واقعہ کا ذکر میں اس لئے کر رہا ہوں۔ تاکہ قارئین یہ اندازہ لگا سکیں کہ آجکل ادب کے فیصلے کس طرح کے لوگ کرنے لگے ہیں۔ نجمی صاحب نے بالکل کسی فریادی کے انداز میں مجھے یہ تبصرہ دکھایا ——— میں نے ان کی ڈھارس بندھائی ——— اُسی وقت راج نرائن رازؔ کو ٹیلی فون کر کے اُن کا بلڈ پریشر بڑھایا ——— انہیں نادم کیا کہ وہ کس طرح کے لوگوں سے تبصرہ کرواتے ہیں، پھر" آج کل" میں اُن کی ایک غزل بھی شائع ہوئی تب جا کے نجمی صاحب کو قدرے سکون ہوا۔

نجمی صاحب کا زیادہ وقت مغربی بنگال میں گذرا اس لئے ان کے مزاج میں انقلابی عناصر کا پایا جانا حیرت کی کوئی بات نہیں ہے۔ حیرت کی اگر کوئی بات ہے تو یہ ہے کہ وہ اپنی انقلاب پسندی کو سات پردوں میں چھپائے ہوئے ہیں۔ کبھی کبھی ان کی شاعری ان کے اندر کے انقلاب پسند

کو سامنے ضرور لے آتی ہے۔

اُن کے پہلے مجموعے شب چراغ کی ادبی دنیا میں جو پذیرائی ہوئی اُس کا الزام وہ میرے سر دھرتے ہیں، دوسرے مجموعے کسک کی اشاعت کے بعد وہ کچھ سست پڑ گئے ہیں، مگر امید ہے کہ چلتے چلتے وہ تیسرا مجموعہ بھی دے جائیں گے۔ میرا جی چاہتا ہے کہ وہ اپنے اس مجموعہ کا نام "آنچ" رکھیں۔ معلوم نہیں وہ میری یہ خواہش پوری بھی کریں گے یا نہیں۔

حلقہ احباب میں اگر مجھے کوئی بات پہنچانی ہوتی ہے تو میں نہایت رازدارانہ انداز میں وہ بات نجمی صاحب کو بتا دیتا ہوں ساتھ ہی یہ بھی کہہ دیتا کہ دیکھیے اس بات کا پتہ کسی اور کو نہ چلے"—— دوسرے دن یہ بات ہر طرف جنگل کی آگ کی طرح پھیل جاتی ہے اور میرا مقصد بڑی آسانی سے پورا ہو جاتا ہے۔ معلوم نہیں اُن میں یہ نسوانی عادت کب اور کیسے پیدا ہوئی۔

چونکہ نجمی صاحب سکندر پور کے رہنے والے ہیں، جو گل فروشوں کی ایک قدیم بستی ہے۔ شاید اِس لئے اُن کی گفتگو میں بڑی مہک ہوتی ہے اور ان کے مزاج میں "مول تول" بھی موجود ہے۔ شاید اس مول تول کی عادت ہی نے انہیں ایک معمولی سے کوارٹر سے وویک وہار فیز "۲" کی ایک عالی شان کوٹھی میں پہنچا دیا ہے جہاں وہ عیش و آرام سے رہتے ہیں۔

جب حسن نجمی کھڑک پور اور کلکتہ کو خیر باد کہہ کر بنارس میں مقیم تھے وہ ان کی پیمبری کے دن تھے۔ ان ایام میں انھوں نے شعر و ادب سے پوری طرح تو نہیں مگر بڑی حد تک خود کو دور کر لیا تھا۔ گھڑی سازی اُن کا ذریعہ معاش تھا۔ اس کام میں ان کی بیگم بھی ان کی مدد کرتی تھیں پھر اُن کے بیٹے

پڑھ لکھ کر جوان ہو گئے اور انہوں نے نجمی صاحب کی پیمبری کو خلافت و امامت میں بدل دیا اور وہ شعر و ادب کی طرف لوٹ آئے مگر انہوں نے ”مول تول“ کا راستہ ترک نہیں کیا ـــــ وہ چاہتے تو اپنی تخلیقات کو خود اپنے پیسوں سے چھپوا کر قارئین کی خدمت میں پیش کرتے مگر انہوں نے اس غلطی کا ارتکاب نہ کیا اور اپنے دونوں مجموعے اردو اکادمی یوپی کے مالی اشتراک ہی سے شائع کئے۔ اُن کی اس مہم میں اُن کے پرانے رفیق حکم چند نیّر نے ان کا پورا پورا ساتھ دیا۔

وہ جنون و حکمت میں توازن رکھنے ہی میں اپنی عافیت سمجھتے ہیں مگر کبھی کبھی اِس توازن کو قائم رکھنے کی کوشش میں وہ جنون سے قطعی طور پر کنارہ کش ہو جاتے ہیں اور حکمت کے سانچے میں پوری طرح ڈھل جاتے ہیں۔

نجمی صاحب جس شہر میں جاتے ہیں وہاں سب سے پہلے ڈاکٹر ڈی شین کی دوکان تلاش کرتے ہیں، ڈاکٹر ڈی شین کی دواؤں پر اُنہیں ایمان کی حد تک اعتماد ہے ـــــ ان دواؤں سے وہ صرف امراض ہی کا علاج نہیں کرتے بلکہ گھریلو مسائل کا حل بھی تلاش کرتے ہیں ـــ وہ کہتے ہیں کہ کینسر تک کا علاج اِن ہربو منرل دواؤں میں مضمر ہے۔

ایک بار میں نے کہا ”نجمی صاحب آج کل کچھ لکھنے پر طبیعت آمادہ نہیں ہوتی ہے۔ بہت کوشش کرتا ہوں کہ کچھ لکھوں مگر قلم دماغ کا ساتھ نہیں دیتا“۔ میرا حال سننے کے بعد انہوں نے خلا میں گھورنا شروع کر دیا، پھر بڑے وثوق سے کہا ـــــ آپ ڈی شین کی دوا ہربل بٹر، کی ایک گولی صبح اور ایک گولی شام، صرف ایک ہفتہ تک کھائیں۔ آپ کا قلم گھوڑے کی طرح چلنے گا“۔ ہنسی روک کر میں نے کہا ـــــ ”نہیں گھوڑے کی طرح میرا قلم

نہ چلائیے۔ اُس کی رفتار معمول کے مطابق ہی رکھئے۔" انہوں نے بڑی سنجیدگی سے جواب دیا" پھر آپ صرف ایک گولی شام کو دودھ یا ٹھنڈے پانی سے لیجئے آپ کا قلم توازن قائم رکھتے ہوئے چلے گا۔"

جب میں ہنسی نہ روک سکا تو انہوں نے نہایت نرم لہجہ میں احتجاج کیا —" پروانہ بھائی — آپ تو میری ہر بات کو مذاق سمجھتے ہیں، میری طرف دیکھئے — غور سے دیکھئے — میں صبح سے شام تلک لکھتا ہوں، آزاد ہند کلکتہ کے لئے، حیات نئی دہلی کے لئے۔ ہندی کے اخبار "جن ستّا" کے لئے اور دوسرے اخباروں اور رسالوں کے لئے یہ سب اسی گولی کی دین ہے۔ آپ میری بات مان جائیے — اگر دوسرے ہی دن آپ کی حالت نہ بدل جائے تو میرا ذمّہ۔"

پھر انہوں نے اپنے بغلی بیگ سے ایک گولی نکال کر دی۔ کہنے لگے گھر جاکر اسے دودھ کے ساتھ ضرور لے لیجئے گا۔ دوسرے دن گولی کا ردِّ عمل معلوم کرنے کے لئے دفتر آنے کی بجائے گھر ہی پر آگئے۔ بڑے رازدارانہ انداز میں مجھ سے پوچھا "کہئے کچھ افاقہ ہوا۔"

میں نے سر جھکا کر جواب دیا —" افاقہ — ؟ نجمی صاحب مان گیا میں آپ کو۔"

اپنے مخصوص انداز میں مسکرا کر پوچھا" سچ سچ بتائیے۔"

میں نے سر جھکا کر کہا " میری تخلیقی صلاحتیں زندہ ہوگئی ہیں۔"

اور وہ گلاب کی طرح کھِل اُٹھے۔ سُنا ہے اُن کی بیگم اور بچے بھی اُن کے ڈاکٹر ڈی شین سے پریشان ہیں۔ معلوم نہیں یہ خبر کہاں تک صحیح ہے۔"

نجمی صاحب بموجب پوری زبان کے بھی ماہر ہیں، بنگالی بھی وہ فر فر بولتے

ہیں مگر بھوجپوری میں تو شاعری تک کرتے ہیں۔ اکثر وہ ہم دوستوں کو ترنگ میں آکر ایک بھوجپوری گیت سنایا کرتے تھے۔ یہ گیت شاید ان کے کسی مجموعے میں جگہ نہ پا سکے گا اِس لئے قارئین کی خدمت میں پیش کر رہا ہوں تاکہ سند رہے اور بوقت ضرورت کام آئے۔

سُوجھے نہیں کونو ڈھریا اٹریا پہ جائی کیسے
پیا کا حکم باکی آوے کا ہوئی
آج رس بنیا ڈلاوے کا ہوئی
منوا میں چھوٹے پھلجھڑیا
اٹریا پہ جائی کیسے
پیپرا کے پتوا پٹا پٹ بولے
ڈالا گے کہیں کیٹوا انکھیا نہ کھولے
دیکھ لہس لکی بکریا
اٹریا پہ جائی کیسے
چم چم چمکے لا ہاتھ کے کنگنوا
چھم چھم ناچے انگنوا اجوریا
آدھی رات بیتی دوپہریا
اٹریا پہ جائی کیسے

آئیے ہم سب مل کر دعا کریں کہ ان کا اٹریا پہ جانے کا راستہ ہموار ہو——؟

# حیات لکھنوی

عام چہروں سے بڑا گول چہرہ، کشادہ پیشانی، گھنی بھنویں، سنہری مائل سے آنکھیں، سر پر ریشم جیسے کھچڑی بال، چوڑا سینہ، مضبوط شانے، سرخی مائل گورا رنگ لمبا قد ـــ اور پہلوان جیسی چال یہ ہیں محمد جعفر ابن عزیز لکھنوی جو دہلی آنے کے بعد حیات لکھنوی بن چکے ہیں۔ اور پورے ملک میں اب اسی نام سے جانے اور پہچانے جاتے ہیں۔ پہلی نظر میں بالکل پہلوان لگتے ہیں۔ لیکن ان سے گفتگو کیجئے تو ایسا لگتا ہے کہ گویا دبستان کھل گیا۔ لکھنوی تہذیب کا جیتا جاگتا نمونہ دیکھنا ہو تو ان کو دیکھ لیجئے۔ نہایت نرم لہجہ میں گفتگو کرتے ہیں، بے تکلف دوستوں سے بھی عامیانہ انداز میں نہیں ملتے۔ تقدیم و تاخیر کا ہمیشہ لحاظ رکھتے ہیں۔ پان پیش کیجئے تو آداب کریں گے ـــ اگر سگریٹ دیجئے تو جھک کر لیں گے۔ دائیں ہاتھ کو کشکول بنا کر تسلیم کریں گے۔ پہلے آپ کی سگریٹ جلائیں گے پھر ـــ جلتی ہوئی ماچس کی تیلی اکثر ان کے ہاتھ کے کشکول میں گر کر بجھ جاتی ہے۔ پھر بھی وہ آداب و تسلیم کی رسم ادا کرتے ہوئے نظر آتے ہیں۔

حیات لکھنوی آج کل نیشنل ہیرالڈ کے جس شعبہ کے سربراہ ہیں اس میں نہ کوئی شاعر ہے نہ ادیب، شاعر اور ادیب ہونا تو دور رہا۔ کوئی اردو جاننے والا بھی نہیں ہے

مگر ہر شخص کو انہوں اپنی تہذیب کے رنگ میں رنگ دیا ہے۔ ایسا لگتا ہے کہ اُن کے شعبہ کے ہر شخص کو آداب و تسلیمات کے کھٹمل نے کاٹ لیا ہے۔ اُن کے احباب اگر کبھی ان کے شعبہ میں اُنہیں تلاش کرنے کے لئے جاتے ہیں۔ اور حیات صاحب نہیں ہوتے تو ان کو حیات صاحب کے نہ ہونے کا احساس تک نہیں ہوتا۔ کیونکہ وہاں موجود ہر شخص حیات لکھنوی نظر آتا ہے، انہی کی طرح جھک کر آداب کرتا ہے۔ انہی کے لہجہ میں گفتگو کرتا ہے۔ "تشریف رکھئے ـــ کیا خدمت کروں۔ آپ کو بڑی زحمت ہوئی حیات صاحب آج چھٹی پر ہیں۔ کیا پیش کروں ـــ؟ اور اگر آپ نے ایک حیات کی تلاش میں ایک درجن حیاتوں سے نکلکر گھبرا کر بھاگنے کی کوشش کی تو کئی آدمی آپ کا راستہ روک کر کھڑے ہو جائیں گے "حضور ایسی بھی کیا ناراضگی ہے تھوڑی دیر کے لئے ہم کو ہی حیات صاحب سمجھ لیجئے۔"

انہوں نے اپنے طرز عمل سے ہر شخص کو اپنا گرویدہ بنا رکھا ہے۔ اور ان کا انداز تکلم اور نشست و برخاست ہر شخص کو اس قدر پسند ہے کہ ہر شخص حیات لکھنوی بن جانا چاہتا ہے۔ حیات لکھنوی تقسیم وطن کے بعد دہلی آئے۔ انہی دنوں مانی جائسی بھی دہلی آگئے تھے۔ محمود نقوی صاحب پہلے ہی سے موجود تھے۔ بلی ماران کے پھاٹک پنجابیان میں، انہوں نے رہنا شروع کیا۔ ہندوستان ٹائمز کے کمپوزنگ سیکشن میں ملازمت بھی مل گئی خوش قسمتی سے جوش ملیح آبادی بھی دہلی میں موجود تھے۔ جو ان کے والد حضرت عزیز لکھنوی کے شاگرد تھے۔ انہوں نے ہمیشہ حیات صاحب کی دستگیری کی ـــ اُن کے بڑے بھائی محمد صادق تہذیب بھی دہلی آگئے۔ اُن کو دہلی میونسپل کمیٹی میں ملازمت مل گئی ایک بار ان کی ملازمت ختم بھی ہو گئی تھی مگر جوش ملیح آبادی نے مسز ارونا آصف علی سے رجوع کر کے انہیں ملازمت پر بحال کرا دیا۔ جوش صاحب نے جب ہندوستان سے ہجرت کی تو حیات لکھنوی کو اپنے سب سے بڑے سرپرست سے محروم ہونا پڑا ـــ چند سال بعد

جب جوش صاحب پاکستان سے دہلی آئے تو حیات صاحب کو اپنے ساتھ پاکستان لے گئے۔ پاکستان میں جوش ملیح آبادی پر عتاب نازل ہوا، حیات لکھنوی بھی اس عتاب کے گرداب میں پھنس کر رہ گئے۔ ہندوستان ٹائمز کی ملازمت سے بھی ہاتھ دھونا پڑا۔ جس مکان میں وہ رہتے تھے خالی کرا لیا گیا۔ بیوی بچوں اور ضعیف ماں نے سوئی والان کے ایک مکان میں پناہ لی۔ جب وہ پاکستان سے آئے تو دنیا بدلی ہوئی تھی۔ پھر بھی ہمت نہیں ہارے۔ از سرِ نو زندگی شروع کی۔ اب وہ نیشنل ہیرالڈ میں ملازمت کرتے ہیں، مشاعروں میں کلام سناتے ہیں۔ اور آرام سے زندگی گذارتے ہیں۔ ان کے دو بیٹے بینکوں میں ملازم ہیں۔ ایک بیٹا نیشنل ہیرالڈ ہی میں کام کرتا ہے۔ تین لڑکیوں کی شادی کر چکے ہیں۔ ایک لڑکا اور ایک لڑکی کی ذمہ داری رہ گئی ہے جسے وہ نہایت خوش اسلوبی سے ادا کر رہے ہیں۔

حیات لکھنوی کے دو مجموعے شائع ہو چکے ہیں۔ "حصارِ آب" اور "زندگی کے پار کا منظر"۔ چند سال قبل ان کی اہلیہ کا انتقال ہو چکا ہے۔ اہلیہ کی موت نے انہیں اداس کر دیا ہے۔ آج بھی جب وہ اُن کا ذکر کرتے ہیں تو انہیں آبدیدہ ہونا پڑتا ہے۔ اور آنکھیں بھیگ جاتی ہیں۔ کبھی کبھی بے تکلف دوستوں کی محفلوں میں پھوٹ پھوٹ کر روتے بھی ہیں۔ ان کے دوسرے مجموعہ کلام کو پڑھنے کے بعد ان کی زندگی کے اس خلاء کا اندازہ لگانا مشکل نہیں ہے جو شریک زندگی کی بے وقت موت کے بعد پیدا ہوا ہے۔

حیات لکھنوی کی ابتدائی شاعری روایات سے جڑی ہوئی ہے۔ مگر رفتہ رفتہ اُن کی شاعری میں تازہ افکار اور گرد و پیش کے واقعات کا عکس نظر آنے لگا۔ اور اب وہ پوری طرح منفرد لب و لہجہ کے شاعر بن چکے ہیں۔ بلا شبہ یہ لب و لہجہ اس تہذیب اور معاشرے کی دین ہے۔ جس میں اُنہوں نے آنکھیں کھولیں۔

لیکن اس میں تجربات کی آمیزش بھی ہے۔ جو ان کی جد وجہد سے پُر زندگی میں اُنہیں ہوئے یا ہو رہے ہیں۔ اور یہی ان کی شاعری کی خصوصیت ہے۔

کئی سال تک بلی ماران میں حیات لکھنوی میرے پڑوسی رہے۔ فرصت کے اوقات ان کے ساتھ بڑے مزے میں گذرتے تھے۔ بسم اللہ ہوٹل میں ہمارا زیادہ وقت گذرتا تھا۔ مانی جائسی، محمود نقوی، بسمل سعیدی، نثار احمد فاروقی، کشور جوہر، عقیل ناروی اور دوسرے ادبا و شعرا اور ادب نوازوں کی نشستیں اسی بسم اللہ ہوٹل میں منعقد ہوتی تھیں۔ میرا خیال ہے کہ ان نشستوں نے حیات لکھنوی کی شاعری میں کافی نکھار پیدا کیا۔ بعد میں دفتر تحریک میں اٹھنے بیٹھنے لگے۔ ہر شام تحریک کا دفتر ہم دوستوں کی تفریح طبع کا مرکز بن جایا کرتا تھا۔ گوپال متل، مخمور سعیدی، کمار پاشی، بانی، کرشن موہن، رشید حسن خان وغیرہ اور باہر کے شعرا و ادبا بھی کبھی کبھی اس مرکز میں آجایا کرتے تھے۔ جہاں نئی زمینیں نکالی جاتی تھیں نئے شعر کہے جاتے تھے۔ اور ادبی مباحث میں نئے نئے گوشے تلاش کئے جاتے تھے۔ حیات کی شاعری کو ایک نیا موڑ دینے میں اس مرکز کا بھی کچھ نہ کچھ حصّہ ضرور رہے۔

حیات لکھنوی آج بھی ہمارے پڑوسی ہیں، ہمارے دفتر سے ان کا دفتر ملا ہوا ہے۔ لنچ کے وقفہ میں یا میں ان سے ملنے چلا جاتا ہوں یا وہ مجھ سے ملنے آجاتے ہیں۔ شام کو دفتر سے نکلنے کے بعد بھی ہر دن ہم لوگ ایک ساتھ رہتے ہیں، دوسرے احباب بھی آجاتے ہیں اور حیات صاحب کی میزبانی سے لطف اندوز ہوتے ہیں۔ یہ بن بلائے مہمان معمول سے زیادہ کھانا کھاتے ہیں، چائے کی بجائے موسمی کا جوس پیتے ہیں، دیسی پان کھاتے ہیں۔ جس میں طرح طرح کے قیمتی زردے اور قوام ڈلواتے ہیں اور اچھے برانڈ کے سگریٹ کا پیکٹ خریدتے ہیں۔ حیات صاحب مُسکرا مُسکرا کر تمام فرمائشیں پوری کرتے ہیں اور زبان سے اُف تک نہیں کرتے۔ میرا خیال ہے کہ اُن کی آدھی

تنخواہ احباب کی خاطر تواضع میں خرچ ہو جاتی ہے۔ اگر ہمیشہ ان کی دن کی ڈیوٹی ہو تو پوری تنخواہ ان لوازمات کی نذر ہو جائے۔ وہ تو کہئے کہ ایک ہفتہ دن میں اور ایک ہفتہ رات میں ڈیوٹی ہوتی ہے۔ اس طرح وہ کچھ پس انداز کر لیتے ہیں۔

حیات صاحب اثنا عشری شیعہ ہیں۔ مجالس میں بڑی پابندی سے شرکت کرتے ہیں۔ مجلسوں میں جم کر اپنا کلام سناتے ہیں، ہر امام کی ولادت اور وفات کی تاریخیں ان کو یاد ہیں، عید اور بقر عید کی نماز بڑی پابندی سے نئے کپڑوں میں پڑھتے ہیں، صدقہ اور خیرات بھی کرتے ہیں، مگر دوسرے مذاہب کی اہم شخصیتوں کا بھی احترام کرتے ہیں۔ اپنے عقائد پر سختی سے عمل کرتے ہیں، مگر دوسروں کی دلآزاری ہرگز نہیں کرتے۔ میرے خیال میں سچے مسلمان کی یہی پہچان ہے۔

مذہبی رواداری حیات لکھنوی کو ورثہ میں ملی ہے۔ میں نے مرزا جعفر حسین۔ (جن کا انتقال سو سال کی عمر میں ۱۲ر جون ۱۹۸۹ء کو لکھنؤ میں ہو گیا) کی کتاب قدیم لکھنؤ کی آخری بہار میں پڑھا ہے کہ ان کے والد حضرت عزیز لکھنوی نے مولانا عبدالباری فرنگی محلی سے بھی تعلیم حاصل کی تھی۔ غالباً حیات لکھنوی میں پائی جانے والی مذہبی رواداری کا ایک سبب یہ بھی ہوگا۔

# خان عزمی ردولوی

داڑھی اور مونچھ سے آزاد گول چہرہ، بڑی بڑی آنکھیں، چوڑا ماتھا، گوتم بدھ کے مجسمے جیسے ہونٹ، لمبا قد، سردار جعفری جیسے کھچڑی بال اور ٹھُدکتی ہوئی چال ـــ یہ ہیں خان عزمی ردولوی ـــ میرے ہم وطن ہی نہیں، ہم محلہ اور ہم مکتب بھی ـــ حالانکہ عمر میں مجھ سے دو سال بڑے مگر چالیس سال سے میرے بے تکلف دوست بھی ہیں۔ ان کی خوبیوں کے بیان کے لئے دفتر کے دفتر چاہئیں ـــ اور ان کے تخلیقی ذہن کو احاطہ تحریر میں لانے کی کوشش سمندر کو کوزے میں بند کرنے کی کوشش کہی جائے گی۔

وہ ایک اچھے آرٹسٹ خوش نویس، مزاح نگار، شاعر، افسانہ نگار، لطیفہ گو اور ناول نگار ہیں، جغرافیہ اور تاریخ پر بھی ان کی گہری نظر ہے۔ ردولی میں پہلا پرنٹنگ پریس عزمی ہی نے لگایا، اور ردولی سے پہلا ماہنامہ "نئی راہیں" انہی کی ادارت میں شائع ہوا ـــ

ایک ٹرم ردولی نوٹی فائیڈ ایریا کے ممبر بھی رہے۔ میں بھی ان کے مقابلہ پر کھڑا ہوا تھا مگر بعد میں میں مقابلہ کے اس میدان سے ہٹ گیا، انہوں نے مجھ سے کہا تھا "یا تم بیٹھ

جاؤں یا میں بیٹھ جاؤں"۔ اور میں بیٹھ گیا۔ پھر میں نے الیکشن میں ان کا کام بھی کیا اور اس الیکشن کے بعد سیاسی زندگی سے ہمیشہ کے لئے قطعِ تعلق کر کے اپنا پورا وقت ادب اور صحافت پر صرف کرنے لگا۔

خان عزمی سے پہلی ملاقات میں ہر شخص یہی سمجھے گا کہ وہ محض قصباتی منشی ہیں اور بس۔ ان کے ظاہر سے ان کی تہ در تہ شخصیت اور ان کی کثیر الپہلو خصوصیات کا اندازہ لگانا مشکل ہی نہیں ناممکن بھی ہے۔ یوں تو خان عزمی میں بہت سی انسانی خوبیاں ہیں مگر میرے خیال میں ان کی سب سے بڑی خوبی یہ ہے کہ ان کے دوستوں میں جواری، شرابی، چور اور ڈاکو، مقدمہ باز اور دغا باز ہر طرح کے لوگ ہیں۔ مگر انہوں نے کسی کا اثر کبھی قبول نہیں کیا اور اپنے دامن کو تمام آلودگیوں سے بچا کر رکھا۔ قصبہ میں ہر شخص ان کی عزت کرتا ہے اور ردولی کی معزز شخصیتوں میں ان کا شمار ہوتا ہے۔ لیکن اکثر یہ بھی ہوا کہ اپنے کسی شرابی دوست کو سہارا دیکر اس کے گھر تک پہونچا آئے اور اگر اس کے گھر کا دروازہ نہیں کھلا تو اُسے اپنے ہی گھر میں لے آئے۔ وہ بدمستی کے عالم میں انہیں بھی گالیاں دے رہا ہے اور ان کے عزیز و اقارب کو بھی صلواتیں سنا رہا ہے۔ مگر وہ ہنس رہے ہیں۔ وہ ان کے ڈرائنگ روم میں قے کر رہا ہے اور وہ گھر سے راکھ لا کر قے پر ڈال رہے ہیں۔ پھر اُسے دھو رہے ہیں اور شرابی دوست کو نرم و گداز بستر پر سُلانے کی کوشش بھی کرتے جا رہے ہیں۔ یہ سب کسی معمولی درجہ کے آدمی کے بس کی بات نہیں۔ اس طرح کا کام وہی شخص کر سکتا ہے جو روحانیت کے کئی مدارج طے کر چکا ہو۔

یوں تو خان عزمی بچپن ہی سے جاگیردارانہ نظام کے ایک اہم پرزے کی حیثیت سے خدمت انجام دے رہے ہیں۔ اور اللہ تعالیٰ نے ردولی کے ایک تعلقہ دار گھرانے سے ان کا رزق وابستہ کر رکھا ہے مگر ان کی شاعری اور ان کے افسانوں

کو پڑھنے کے بعد یہ اندازہ لگانا زیادہ مشکل نہیں رہ جاتا کہ وہ سماجی اونچ نیچ کو دل سے ناپسند کرتے ہیں اور ان کی ہمدردیاں سماج کے کمزور لوگوں کے ساتھ ہیں۔

خان عزمی نے درجنوں افسانے اور کئی ناول بھی لکھے ہیں۔ مگر "آنگن کی چنبیلی" میرے خیال میں ان کی تمام تخلیقات میں بلند تر معیار کی حامل تخلیق ہے ایک امیر قصباتی خاندان کے بچے اپنے باغ سے چنبیلی کا ایک پودا لاکر اپنے آنگن میں لگاتے ہیں۔ اِس پودے کی افزائش کے ساتھ ساتھ ہی کہانی بھی آگے بڑھتی ہے اور معاشرے کے زخموں کو کریدتی ہوئی کچھ اِس انداز میں ختم ہوتی ہے کہ قاری کی آنکھوں سے بے ساختہ آنسو بہہ نکلتے ہیں۔ یہ کہانی دس بارہ سال قبل بیسویں صدی میں شائع ہوئی تھی اور آج تک درجنوں اخباروں اور رسالوں میں نقل ہو چکی ہے۔ کہانی کے تانے بانے اِس طرح بنے گئے ہیں کہ اسے بار بار پڑھنے کو جی چاہتا ہے۔ میرا خیال ہے کہ اردو کے افسانوی ادب میں "آنگن کی چنبیلی" کو آج نہیں تو کل ایک اہم مقام ضرور حاصل ہوگا۔

خان عزمی بچپن میں ایک ماتمی انجمن کے صاحب بیاض بھی رہ چکے ہیں۔ حالانکہ وہ حنفی مسلک پر عمل پیرا ہیں۔ مگر شہدائے کربلا کا غم منانے میں نہ پہلے کبھی کسی سے پیچھے تھے نہ آج ہیں۔ آئندہ کیا ہوگا؟ یہ تو خدا ہی بہتر جانتا ہے۔

ترنم جن لوگوں کی مجبوری ہے ان میں خان عزمی بھی شامل ہیں۔ ۵۸۔ ۶۰ سال کی عمر میں بھی وہ اپنا کلام ترنم سے پڑھتے ہیں اور خوب پڑھتے ہیں۔ کیونکہ تحت میں ان کے لہجہ میں جو لڑکھڑاہٹ ہوتی ہے ترنم میں دبی صوتی لہروں میں تبدیل ہو جاتی ہے اور لہجہ کی قدرتی خامی ـــــ خوبی بن کر سامنے آجاتی ہے۔

میرے لئے ردولی میں ان کا وجود نعمت غیر مترقبہ سے کم نہیں، گذشتہ ۲۶ سال سے میں دہلی میں ہوں اب صرف عید، بقرعید اور محرم ہی میں ردولی جانا ہوتا ہے

اِن دَوروں کے دوران دونوں طرف کی مصروفیات ناقابل بیان ہوتی ہیں۔ پھر بھی ہم لوگ تھوڑی دیر کے لئے مِل ہی لیتے ہیں ـــ اور ان مختصر سی ملاقاتوں میں ایک دوسرے کے مسائل بھی زیر بحث آجاتے ہیں اور ان کو حل کرنے کے راستے بھی تلاش کرلئے جاتے ہیں۔ میں نے گذشتہ چالیس برسوں میں خان عزمی کو ہمیشہ اپنا ہمدرد، ہم نوا، دوست، خیر خواہ، کرم فرما اور رفیق وہمدم پایا ـــ حالانکہ اس طویل مدّت کے دوران بارہا ہم مخالف سمتوں میں بھی چلے مگر ہمارے تعلقات جُوں کے تُوں رہے۔ وہ ہمیشہ کانگریسی رہے اور میں آزادی کے بعد ہمیشہ کانگریس مخالف رہا۔ مگر ہمارے سیاسی اختلافات ہماری دوستی کی راہ میں کبھی حائل نہ ہوئے۔ سچ تو یہ ہے کہ ہم نے کبھی سیاسی مسائل پر بات چیت بھی نہ کی۔ وہ کانگریس کے جلوس میں گیت گاتے رہے اور میں کانگریس مخالف کیمپ میں تقریر وتحریر کے جوہر دکھاتا رہا ـــ نہ ان کے کانگریسی ہونے پر مجھے کوئی اعتراض نہ میرے سوشلسٹ یا کمیونسٹ ہونے پر انہیں کوئی آبجکشن۔

سیاسی مصروفیات سے فرصت ملتے ہی ہم بے تکلف دوستوں کی طرح ملتے رہے اور آج تک ہماری دوستی جُوں کی تُوں قائم ہے۔ ہمارے سیاسی نظریات میں آج بھی بُعد مشرقین ہے۔ مگر دوستی سیاسی تقاضوں کے تابع نہیں ہوتی۔ اس لئے ہمارے تعلقات میں پرانی ترتیب باقی ہے۔ خدا سب کو خان عزمی جیسے دوست دے۔ یہی میری دعا ہے۔

جو لوگ بچپن میں شریر ہوتے ہیں وہ بڑے ہوکر بھی شرارت کرتے ہیں۔ ہاں ان کی شرارتوں کا انداز اور موقع محل بدل جاتا ہے۔ بچپن میں ہم لوگ کھیل کے میدانوں نوٹنکیوں، رقص کی محفلوں، تھیٹروں، مشاعروں اور بعد میں ٹورنگ سینما گھروں میں جو شرارتیں کیا کرتے تھے وہ آج تک ردولی کی بزرگ پیڑھی کو یاد ہیں۔ ہم کو بھی یہ شرارتیں

یاد ہیں۔ بچپن نام ہی ہے شرارتوں کا۔ حالانکہ خان عزمی ۱۴ سال کی عمر ہی میں ردولی کے سب سے بڑے تعلقدار کے سربراہ کار (مینجر) کے معاون بن چکے تھے۔ لیکن اِن شرارتوں میں برابر کا حصّہ لیا کرتے تھے۔

سچ تو یہ ہے کہ ہمارے کچھ بزرگ ہمیں شرارتوں پر اکسایا بھی کرتے تھے اور انعام واکرام کے ذریعہ ہمارے حوصلوں کو بلند بھی کرتے تھے۔ اِن میں ہمارے رشتے کے چچا وسیم انصاری (جو ایک پختہ مشق شاعر تھے اور لگ بھگ تیس سال تک ردولی نوٹی فائیڈ ایریا کے چیرمین بھی رہے) پیش پیش تھے۔ جن محفلوں میں یہ بزرگ جانہ سکتے تھے وہاں کی خبریں اپنے ذرائع سے حاصل کرکے محظوظ ہوتے تھے۔ اور بوقت ملاقات بڑے دلنشیں انداز میں کچھ ایسی سرزنش فرماتے تھے کہ جسکو سرزنش کم اور "پسندیدگی" زیادہ کہا جائے گا۔

شاید بزرگوں کے حوصلہ افزاء رویہ کی وجہ یہ تھی کہ ہماری شرارتیں، ہماری ذہانت کی غمازی کیا کرتی تھیں۔ ان میں بدتمیزی اور بدتہذیبی کا کوئی عنصر نہ ہوتا تھا نہ ہی ان سے کسی کو کوئی نقصان پہنچتا تھا۔ میں نے خان عزمی سے کہا ہے کہ وہ ان شرارتوں کو اپنے مخصوص انداز میں قلم بند کرڈالیں اور قومی آواز کے مزاحیہ کالم "گلوریاں" کی نذر کردیں۔ جس میں ان کی مزاحیہ تخلیقات کو برابر جگہ ملتی رہتی ہے۔ کاش وہ میری آرزو پوری کرسکے۔

# زبیر رضوی

چوڑی پیشانی، ستواں ناک، گہری آنکھیں، گھنے سیاہ بال جو گردن پر ایک خاص انداز سے مڑے ہوئے. لمبا قد، رنگ نہ گورا نہ کالا۔ بلکہ سرخی مائل گندمی، داڑھی اور مونچھ سے بے نیاز چوڑا چہرہ ـــــ خوش پوش اور شریفانہ وضع قطع کے مالک زبیر رضوی کا شمار میرے خیال میں اردو کے ان شاعروں میں ہونا چاہیے جو نہ روایت کو ترک کرتے ہیں نہ جدیدیت سے دامن بچاتے ہیں. آزادی کے بعد شاعروں اور ادیبوں کی جس نسل نے دہلی میں اردو کی شمع کو جلائے رکھا ان میں زبیر رضوی سرفہرست ہیں۔

ان کے ابتدائی دور میں دہلی میں ہری چند اختر، گوپی ناتھ امن، نریش کمار شاد' بسمل سعیدی، مانی جائسی، جوش ملیح آبادی، جگر مراد آبادی، واقف مراد آبادی ـــ روش صدیقی، عزیز وارثی، سلام مچھلی شہری، کنور جوہر، انور صابری، گلزار زتشی، جمال بھارتی، ساغر نظامی، کرشن موہن، مخمور سعیدی، رعنا جگی وغیرہ مشاعروں میں چہکا کرتے تھے۔ کچھ شرماتے اور لجاتے ہوئے وہ بھی مشاعروں میں اپنا کلام سنانے لگے۔ اور دیکھتے ہی دیکھتے ملک گیر شہرت حاصل کرلی، انہوں نے اپنی نوعمری

چہرے کی معصومیت اور اپنے ترنم سے اپنی شہرت میں اضافہ کیا۔ ہمدرد دواخانہ سے دعا آل انڈیا ریڈیو پہونچے۔ اس طرح ان کا حلقہ دیسع سے دیسع تر ہو گیا۔ حالانکہ انہوں نے خود کبھی ریڈیو کی ملازمت کو اپنی شناخت قائم کرنے کے لئے نہیں استعمال کیا مگر بالواسطہ طور پر ریڈیو کی نوکری ان کے لئے نیک شگون ثابت ہوئی، زبیر رضوی اس بات کو کبھی تسلیم نہیں کریں گے کہ اُن کی قدر و قیمت میں اضافہ کا ایک سبب ریڈیو سے اُن کی وابستگی بھی رہا ہے۔ مگر یہ بہر حال ایک سچائی ہے جس پر دوسرے لوگوں کو یقین ہے۔

زبیر رضوی بڑی خوبیوں کے انسان ہیں۔ اُن کی سب سے بڑی خوبی یہ ہے کہ وہ کسی کی شاعری پر اظہارِ خیال کرنا چاہیں گے تو صاف صاف اس کی اچھائی اور برائی بیان کر دیں گے۔ کسی شخصیت پر اپنے تاثرات کا اظہار کرنا ہے تو براہ راست طور پر اپنے تاثرات کا اظہار کر دیں گے۔ اور اگر کسی سے ناراض ہیں اور اسے گالی دینا چاہتے ہیں تو اس کے مُنہ پر اُسے گالی دے دیں گے ـــــ

ایک زمانہ میں جب اردو سزائے موت سننے کے بعد پھانسی کے دن کا انتظار کر رہی تھی۔ ایک سردار صاحب نے اردو کے راستہ سے مولانا آزاد اور جواہر لال نہرو تک رسائی حاصل کرنے کے لئے کافی جوڑ توڑ کئے۔ اردو کے غریب شعرا ان سردار صاحب کے گرد اس طرح جمع ہو گئے۔ جیسے گیلے گڑ کے گرد مکھیاں جمع ہو جاتی ہیں۔ ان سردار صاحب نے زبیر رضوی کی اٹھتی ہوئی جوانی اور تازہ دم شاعری کو بھی حسد کی نگاہ سے دیکھا اور کوئی ہوتا تو وہ سردار صاحب کے آگے ہتھیار ڈال دیتا کیونکہ انہوں نے خود کو اردو کا ہم نوا اور ہمدرد ظاہر کر کے اردو دنیا میں اپنے لئے اچھی جگہ بنالی تھی اور ان کی سفارش پر لوگوں کو مشاعرے ملا کرتے تھے۔ مگر زبیر رضوی نے ہمیشہ ان سردار صاحب کو ٹھوکر پر رکھا۔ اب تو یہ سردار صاحب پوری طرح منفعل اور بوڑھے ہو چکے ہیں۔ مگر ان کی شروع میں بڑی دھاک تھی اور کوئی شاعر ان سے آنکھ ملانے کی ہمت نہ کر سکتا

تھا۔

زبیر رضوی کی ایک اور خوبی یہ ہے کہ وہ قناعت پسند ہیں، بشیر بدر کی طرح ان کے لئے مشاعرے شہرت اور دولت جمع کرنے کا ذریعہ نہیں ہیں۔ انہوں نے اپنی ملازمت اور ذمہ داریوں کو ہمیشہ مشاعروں پر ترجیح دی ہے۔ اس طرح کی فرض شناسی کم شاعروں میں دیکھنے کو ملتی ہے وہ ایک اچھے پڑوسی کشادہ دل شوہر اور فرض شناس باپ بھی ہیں۔ اور پہلی ہی ملاقات میں لوگوں کو اپنا گرویدہ بنا لیتے ہیں۔ جامع مسجد کی سیڑھیوں سے براڈ کاسٹنگ ہاؤس کی سیڑھیوں تک پہونچنے میں زبیر رضوی کو جن مصیبتوں، پریشانیوں اور تکلیفوں کا سامنا کرنا پڑا ان سب کے ذکر کیلئے دفتر کے دفتر چاہئیں۔ اگر خود زبیر رضوی نہایت دیانت داری کے ساتھ اس سفر کی سرگذشت لکھ دیں تو یہ "طلسم ہوش رُبا" کا جواب ہو سکتی ہے اور ان نوجوانوں کے لئے مشعل راہ بھی جو بہت جلد مایوس ہو کر زندگی کے جہاد سے دستبردار ہو جاتے ہیں۔ جوش ملیح آبادی کی "یادوں کی برات"، جھوٹ کا پلندہ ہے۔ جوش صاحب جس طرح کی شاعری کرتے تھے انہوں نے اسی طرح کی نثر بھی لکھی ہے۔

اس لئے میرا زبیر رضوی کو یہ مشورہ ہے کہ اگر وہ اپنی زندگی کے سفر کی سرگذشت لکھیں تو جوش کی طرح یاوہ گوئی اور لاف زنی سے کام نہ لیں بلکہ تمام واقعات سیدھے سادے انداز میں من و عن بیان کر دیں۔ جوش کی زندگی میں جن نوجوان اور خوش فکر شاعروں نے مشاعروں کی فضا، کو خراب ہونے سے بچانے کی کوشش کی ان میں زبیر رضوی کا نام سرِفہرست آتا ہے۔ جوش صاحب اپنی رباعیوں کے ذریعہ سامعین پر چھا جانے کی کوشش کرتے تھے اور کامیاب ہونے کے لئے لفظوں کی شعبدہ بازی سے کام لیتے تھے۔ ان کی بیشتر رباعیات کا خاتمہ فقروں پر ہوتا تھا جن کے مماثل فقرے مجتبیٰ حسین اپنے خاکوں میں طنز و مزاح کا رنگ بھرنے کیلئے

استعمال کرتے ہیں۔ خدا کو چیلنج، شیطان کی تعریف، حور و غلمان اور واعظ کی تضحیک کے وسیلہ سے بھی وہ داد حاصل کرتے تھے۔ جس کی بھوک بعد میں انہیں ہندوستان سے پاکستان لے گئی۔

جوش صاحب نے اور کسی حد تک فراق صاحب نے بھی مشاعروں کو نوٹنکی بنانے کی شعوری یا غیر شعوری کوششیں کیں۔ میرا تاثر یہ ہے کہ زبیر رضوی نے مشاعروں کو تعمیری رُخ دیا۔ ان کی نظم "یہ ہے میرا ہندوستان" کا اس سلسلہ میں خاص طور سے حوالہ دیا جاسکتا ہے۔ بلاشبہ اس نظم کی مقبولیت کا ایک سبب وہ ترنم بھی تھا۔ جو زبیر رضوی کو قدرت نے عطا کیا ہے۔ لیکن جوشؔ اور فراقؔ کی بھونڈی اداکاری کے مقابلہ میں زبیر کا ترنم بہرحال اپنے اندر ایک تازگی اور شگفتگی رکھتا ہے۔

زبیر رضوی سے میری جان پہچان اس وقت سے ہے جب وہ نئے نئے دہلی میں وارد ہوئے تھے۔ میں روزنامہ نئی دنیا سے وابستہ تھا اور وہ بدر دواخانہ سے رفتہ رفتہ یہ جان پہچان ملاقاتوں میں بدل گئی اور پھر ملاقاتوں نے ہمیں بے تکلف دوست بنا دیا ــــــ میں نے ہمیشہ اِس بات کو محسوس کیا کہ زبیر رضوی کو بہتر سے بہتر کی تلاش رہتی ہے۔ لیکن انہوں نے اِس تلاش میں کامیابی حاصل کرنے کے لئے قناعت پسندی کبھی ترک نہیں کی نہ ہی کسی کی جوتیاں سیدھی کیں بلکہ اپنے اندر صلاحیتیں پیدا کیں۔ اور مقابلہ کر کے آگے بڑھے نہ کہ سفارشات کی سیڑھیاں استعمال کر کے ــــــ

ہر شخص میں کچھ کمیاں بھی ہوتی ہیں۔ اس لئے زبیر رضوی میں بھی اُن کا ہونا کوئی انوکھی بات نہیں۔ ان کی سب سے بڑی کمی یا خامی یہ ہے کہ جان پہچان سے دوستی کی منزل تک پہنچنے میں بڑی دیر لگا دیتے ہیں۔ اِس خامی کو ان کے مزاج کی احتیاط پسندی کے پیش نظر معاف کر دیا جائے تو اور بات ہے ورنہ کچھ لوگ اِسے زبیر رضوی

کے غرور اور تکبر سے بھی تعبیر کرسکتے رہیں، زبیر رضوی کی ایک اور خامی یہ ہے کہ وہ "اردو کے اشراف" کے طبقہ میں شامل ہونے کے لئے ہر وقت بے چین رہتے ہیں،

"اردو کے اشراف کا طبقہ" ان لوگوں پر مشتمل ہے، جو کالجوں اور یونیورسٹیوں میں آرام کرنے کے لئے بڑی بڑی تنخواہیں وصول کرتے ہیں یا بڑے سرکاری عہدوں پر متمکن ہیں (حالانکہ ان میں ریزرو کوٹے کے لوگ بھی شامل ہیں) لیکن یہ طبقہ زبیر سے بھی زیادہ محتاط ہے۔ اس لئے پوری طرح اس طبقہ کے وصل سے زبیر رضوی استفادہ نہیں کرسکے ہیں۔ چونکہ گذشتہ ۲۵ برسوں میں اس طبقہ کے متوسلین کی تعداد گھٹی ہے۔ اور مکتبوں اور دینی مدارس کی راہ سے اردو میں مہارت حاصل کرنے والوں کی تعداد میں زبردست اضافہ ہوا ہے اس لئے ممکن ہے کہ زبیر رضوی اس طبقہ اشراف میں شامل ہونے کی کوشش اب ترک کردیں۔ لیکن چونکہ وہ خود ایک بڑے سرکاری عہدے پر متمکن ہیں اس لئے دوسرے سرکاری افسر شاعر یا ادیب کے مقام کو اپنے مقام سے ناپنے کی روش پر بہرحال قائم رہیں گے۔

زبیر رضوی کی ایک اور خامی یا کمی یہ ہے کہ بیشتر ماتحت شاعر اور ادیب جو آل انڈیا ریڈیو سے وابستہ ہیں ان کا ذکر اچھے لفظوں میں نہیں کرتے، کوئی یہ شکایت کرتا ہے کہ اس کا تبادلہ زبیر نے کرادیا اور کسی کو یہ شکوہ ہے کہ اس سے بات چیت کرتے ہوئے زبیر رضوی نے اس بات کا قطعی خیال نہیں رکھا کہ کبھی وہ بھی کسی کے ماتحت تھے

دراصل ان کا یہ رویہ ان کے Egoist (انا پسند) ہونے کی نشاندہی کرتا ہے۔ اپنی انا پسندی کی وجہ سے برسوں انہوں نے اپنے وطن امروہہ کے کسی مشاعرے میں شرکت نہیں کی، لگ بھگ دس سال تک لال قلعہ میں جشن جمہوریت کی تقریبات کے سلسلہ میں منعقد ہونے والے مشاعرے میں کلام نہیں سنایا اور ایک بار تو جمریا بہار میں ایک منتظم مشاعرہ کی بداخلاقی پر اُسے اتنا پھٹکارا کہ ان کی زندگی تک خطرے میں

پڑ گئی ـــ ہوا یہ کہ اس منتظم مشاعرہ نے چند مشہور شاعروں کو تو اعلیٰ درجہ کے سگریٹ پیش کئے مگر زبیر رضوی کو ۵۵۵ کے سگریٹ نہ دیئے اور یہ بات زبیر کو اس قدر ناگوار گذری کہ انہوں نے اس منتظم مشاعرہ کی کھال اپنے غصہ سے اتار دی۔ انا پسندی کہیں اچھی ہوتی ہے اور کہیں اچھی نہیں ہوتی اِس بات سے زبیر رضوی متفق نہیں ہیں۔ ان کی انا پسندی ان کے لئے کافی مضر بھی ثابت ہوتی ہے۔ اس میں کوئی شبہ نہیں کہ انہوں نے ایک کیریر بنا لیا۔ وہ آل انڈیا ریڈیو میں ایک اعلیٰ عہدے تک پہنچ گئے ـــ اسکرپٹ رائٹر سے ڈائریکٹر تک بن گئے۔ مگر اپنے لئے کوئی گھر نہ جوا سکے، کوئی بینک بیلینس نہ کر سکے۔ جو کمایا وہ کھالیا۔ یہ سزا ملی انہیں اپنی انا پسندی کی ـــ زبیر رضوی اگر ظاہری اور مصنوعی انا پسندی سے کام لیتے تو مزے میں رہتے۔ مگر ان کی انا پسندی فطری اور حقیقی ہے اس میں کوئی اداکاری نہیں اس لئے وہ مادی فائدے حاصل کرنے سے محروم رہ گئے۔

# شریف الحسن نقوی

گورارنگ، لمبا قد، متناسب خط و خال، ڈائی کئے ہوئے کالے بال، چوڑی پیشانی، اور پھونک پھونک کر قدم رکھنے والی چال والے یہ صاحب جنکا نام سید شریف الحسن نقوی ہے، بالکل اس طرح گفتگو کرتے ہیں جیسے نثری نظم پڑھ رہے ہوں، ہر موضوع پر بے تکان بول سکتے ہیں۔ خاص طور پر اردو اکادمی دہلی کی کارگذاریوں پر تفصیل سے روشنی ڈالنے اور اپنی صفائی پیش کرنے میں مہارت رکھتے ہیں، چہرے پر ہر وقت مسکراہٹ کھیلتی رہتی ہے — طنز و مزاح سے بھی حسبِ ضرورت کام لیتے ہیں۔

یوپی کے ضلع ہردوئی کا قدیم قصبہ سنڈیلہ اِن کا وطن مالوف ہے۔ اور بارہ بنکی کا مردم خیز قصبہ ردولی اِن کی سسرال! یہی وجہ ہے کہ قصباتی شرافت ان میں کوٹ کوٹ کر بھری ہوئی ہے۔ لباس کے معاملہ میں بالکل آزاد ہیں، کبھی بوشرٹ اور پینٹ، کبھی سفاری سوٹ اور کبھی پاجامہ کرتا اور شیروانی میں نظر آتے ہیں۔ چونکہ جامہ زیب ہیں اسلئے ہر لباس کھب جاتا ہے۔

سید شریف الحسن نقوی اس وقت سے اردو اکادمی دہلی کے سکریٹری

ہیں۔ جب اس کا دفتر ڈاکٹر خلیق انجم کے لفظوں میں ' قصائی کی دوکان ' جیسا تھا۔ اپنے دورِ اقتدار میں انہوں نے اردو اکادمی کو قصائی کی دوکان سے نکال کر رنگ روڈ پر واقع ایک وسیع وعریض بیرک نما عمارت تک پہنچا دیا ہے۔ وہیں سے اردو اکادمی کی عمارت کا سنگ بنیاد رکھا جا چکا ہے۔ دیکھئے عمارت کب تیار ہوتی ہے۔ اس بیرک کو نقوی صاحب نے نہایت سلیقے سے دفتر کی شکل دی ہے۔ جہاں شاعروں، ادیبوں، صحافیوں اور ادب کے طالب علموں کی آمد و رفت کا سلسلہ صبح سے شام تک جاری رہتا ہے۔

مجھے جس قدر صاف ستھرا ماحول اردو اکادمی کے اس دفتر میں دیکھنے کو ملا۔ اتنا صاف ستھرا ماحول دہلی ایڈ منسٹریشن کے کسی اور دفتر میں آج تک نظر نہ آیا، یقینی طور پر اردو اکادمی کے دفتر کا ماحول شریف الحسن نقوی کی خوش سلیقگی کا مظہر ہے اور ان کے حسنِ انتظام کی منہ بولتی تصویر پیش کرتا ہے۔

نقوی صاحب کو میں بہت دنوں سے جانتا اور پہچانتا ہوں، لیکن ان کے قریب آنے کا موقع زیادہ سے زیادہ دو سال پہلے ہی حاصل ہو سکا۔ جب تک ہم ایک دوسرے سے ملے نہ تھے۔ ہمارے درمیان بہت سی غلط فہمیاں حائل تھیں۔ میرے بارے میں وہ طرح طرح کے وسوسوں اور شکوک و شبہات کا شکار تھے۔ حالانکہ میں نے کبھی ان کے خلاف ایک لفظ بھی نہ لکھا تھا۔ مگر نہ جانے کیوں وہ مجھ سے خوفزدہ تھے ـــــ

شاید اس خوف کی وجہ یہ تھی کہ اردو اکادمی کی کچھ پالیسیوں اور پروگراموں سے میں متفق نہ تھا اور ان کی تنقید کیا کرتا تھا۔ اور ان پروگراموں سے وابستہ اکادمی کے ارکان نے جن میں سے کچھ میرے دوست نہ سہی پرانے شناسا ضرور تھے میری مخالفانہ تحریروں کو بنیاد بنا کر شریف الحسن نقوی کے ذہن کو پراگندہ

کردیا تھا۔ چند سال قبل ایگزیکٹو کونسلر ڈولپمنٹ چودھری پریم سنگھ نے جو اسی حلقہ انتخاب سے کارپوریشن اور میٹروپولٹن کونسل میں منتخب ہو کر آتے ہیں۔ جس میں میرا گھر ہے اور جن سے میرے دیرینہ مراسم ہیں۔ اردو اکادمی کی رکنیت کے لئے میرا نام تجویز کردیا۔ چودھری پریم سنگھ کا بیان ہے کہ شریف الحسن نقوی نے میرے نام کی زبردست مخالفت کی اور انہوں نے جو کچھ کہا اس کا لب لباب یہ تھا کہ "اگر پروانہ رُدولوی کو خوش ہی کرنا ہے تو ان کے کسی بیٹے کو اردو اکادمی کا ممبر بنادیا جائے۔ لیکن خود ان کو اردو اکادمی کا ممبر بنانا قطعی نامناسب ہوگا۔"

چودھری پریم سنگھ اس کی وجہ نہ سمجھ سکے۔ بیچارے گاؤں کے رہنے والے سیدھے سادے اور شریف آدمی ہیں، انہوں نے میرے گھر پر ایک تقریب کے دوران تمام واقعات مجھے بتا دیئے۔ میں نے ان سے کہا "آپ نے میرے نام کی سفارش ہی کیوں کی تھی۔" اس کا جواب وہ کیا دے سکتے تھے۔ یقیناً وہ مجھے خوش کرنا ہی چاہتے تھے۔ انہیں کیا پتہ تھا کہ دہلی میں ادب کے معاملات کس طرح طے کئے جاتے ہیں۔

بہر حال بات آئی گئی ہوگی، مگر میرے دل میں ایک خلش سی باقی رہی اس کے بعد کئی بار شریف الحسن نقوی سے ملاقات ہوئی، دونوں طرف سے نہایت تعظیم و تکریم اور خلوص کا اظہار ہوا، ہر بار دل نے کہا آج اس خلش کو دور کرلو مگر میں شریف الحسن نقوی کو شرمندہ نہ کرنا چاہتا تھا۔ اس لئے اس موضوع پر ان سے کچھ نہ کہہ سکا۔ مگر خلش جب حد سے بڑھ گئی اور ان سے ملاقاتوں میں جس تعظیم و تکریم اور خلوص کا اظہار ہوا کرتا تھا وہ سب مجھے منافقت، مکاری، بناوٹ، اور فریب لگنے لگا تو ایک دن میں نے اس واقعہ کا ذکر کرہی دیا۔ حسبِ توقع انہوں نے یہی کہا کہ ان کی طرف سے ایسی کوئی بات نہیں ہوئی ہے۔

لیکن ان کے جواب دینے کے انداز سے مجھے ایسا لگا جیسے زبان بے زبانی سے یہ کہہ رہے ہوں کہ "اب گڑے مردے اکھاڑنے سے کیا فائدہ" اور میں نے ان کے اِس خاموش مشورے کو مان لیا۔

اِس کے بعد میں نے محسوس کیا کہ ان کے ذہن میں میرے بارے میں جو تحفظات تھے وہ ختم ہو رہے ہیں۔

اِس ضمن میں ایک اور واقعہ کا ذکر کرنا ضروری سمجھتا ہوں۔ چند سال قبل ایک سردار صاحب نے جن کو میں اردو کی بدقسمتی کی روشن علامت سمجھتا ہوں ــــ شری کے۔ نریندر سے شکایت کی کہ پروانہ اردو اکادمی کے خلاف پرتاپ میں اس لئے لکھتا رہتا ہے تاکہ رشوت دیکر اس کے قلم کو روکا جائے۔ نریندر جی کو یہ بات عجیب سی لگی۔ انہوں نے مجھے بُلا کر اپنے مخصوص انداز میں بالکل بھلکڑوں کی طرح کہا ــــ "وہ ســـردار ہے نا ــــ

کیا نام ہے اس کا ــــ؟

"ــــــــــــ!"

"ہاں ــ ہاں وہی کہہ رہا تھا کہ تم اردو اکادمی کے خلاف اس لئے لکھتے ہو تاکہ کچھ مالی فائدہ اٹھا سکو!"

"کیا آپ کو اس بات کا یقین ہے؟"

"نہیں ہے ــ اِسی لئے تو تم کو بتا رہا ہوں!"

میں نے اپنے چیمبر میں واپس آنے کے بعد اسی اردو کے دوست نما دشمن سردار کو ٹیلی فون کر کے کہا ــــ "تم جھوٹے، فریبی، مکّار اور بے غیرت انسان ہو۔ تم کو انسان کہنا بھی انسانیت کی توہین ہے۔ شرم کرو اور چلّو بھر پانی میں ڈوب مرو!"

"میں نے اس سے یہ بھی کہا کہ میں 'پرتاپ' کے دفتر سے۔ 'پرتاپ' کے ٹیلی فون پر تم سے بات کر رہا ہوں، تم جیسے میرے قلم کو روک نہیں سکتے۔"

اس نے ذرا نرم پڑتے ہوئے کہا۔ 'پروانہ میری بات تو سنو۔' میں نے کہا — تمہاری بات کیا سنوں۔ تم یہ نہ سمجھو کہ 'پرتاپ' میں میری ملازمت ختم کرا سکتے ہو، یہ کوئی بنئے کی دوکان نہیں ہے وغیرہ وغیرہ۔

سردار ٹیلی فون پر میری باتیں سن کر بے تاب ہو گیا۔ اسی شام ایوانِ غالب میں وہ نظر آ گیا۔ وہاں اس نے مجھے الگ لے جا کر سمجھایا۔ رشوت بھی پیش کی لیکن میں اس طرح کے بھرّوں میں کہاں آنے والا تھا — کمار پاشی وغیرہ اس واقعہ کے شاہد ہیں، انہوں نے بھی سمجھوتہ کرانے کے لئے "جامِ صحت" چھلکائے۔ مگر میں ٹس سے مس نہ ہوا۔

اس نام نہاد اردو دوست اور حقیقتاً اردو دشمن سے کئی سال پہلے میری ایک جھڑپ لال قلعہ میں بھی ہوئی تھی، اس نے اپنا جوتا اتار کر مجھے پیش کیا تھا اور کہا تھا کہ لیجئے مجھے ماریئے۔ مگر میں نے نہایت حقارت سے کہا تھا۔ "میں اپنے ہاتھ گندے نہیں کرنا چاہتا۔"

پھر اس نے اپنے غنڈے لگا دیئے تھے اور مجھے ان غنڈوں سے بچا کر گھر تک پہنچانے کا بھی ڈرامہ کیا تھا۔ اس وقت اس نے نہایت مفسدانہ اور منافقانہ انداز میں ذاکر حسین کالج کے مشتعل نوجوانوں کو مجھ سے برافروختہ کرنے کے لئے کہا تھا۔ "تم ایسے اخبار میں کیوں کام کرتے ہو جو حضور اقدسؐ کی شان میں گستاخی کرتا ہے۔"

اور پھر اسی شخص نے نہایت مکاری کے ساتھ میری شکایت نریندر جی، سے کی تھی۔ اسے کیا معلوم کہ نریندر جی ایک حقیقت پسند صحافی ہیں اور وہ ایک

پرانے اخبار نویس ہونے کی وجہ سے جانتے ہیں کہ اس طرح کی شکایت کون، کب، اور کیوں کرتا ہے۔!

بہر حال اردو والوں کو سجاوٹ کے لئے ایسے لوگوں کی ضرورت ہے اور وہ مجبور ہیں کہ اس طرح کے مفسد اور منافق لوگوں کو اپنے ساتھ لے کر چلیں بقول مخمور سعیدی ان لوگوں میں اگر ۸۰، برائیاں ہیں تو ۲۰، اچھائیاں بھی ہیں ـــ پھر کیوں نہ ان ۲۰، اچھائیوں سے اردو والے استفادہ کریں ـــ

ان واقعات کا حوالہ میں اس لئے دے رہا ہوں تاکہ لوگ جان سکیں کہ شریف الحسن نقوی کس طرح کے لوگوں کے زیر اثر تھے اور اب بھی ایسے کچھ لوگ ہیں۔ جو انہیں گمراہ کر سکتے ہیں۔

میرے لئے اردو اکادمی کی رکنیت کا حصول زیادہ مشکل نہیں۔ نہ کل تھا نہ آج ہے نہ آئندہ ہوگا۔ سچ تو یہ ہے کہ اردو اکادمی کا نماکہ میرا ہی بنایا ہوا ہے۔ یہ ان دنوں کی بات ہے جب شری جگموہن پہلی بار لفٹننٹ گورنر بنے تھے۔

مولانا عبدالوحید صدیقی مرحوم کے بڑے صاحبزادے مولانا احمد مصطفےٰ صدیقی راہی کے لئے ان کے دل میں نرم گوشہ تھا۔ راہی صاحب کو انہوں نے دہلی یونیورسٹی کے ایک کالج کی گورننگ باڈی کا رکن بھی بنایا تھا شری جگموہن نے ان سے کہا تھا کہ وہ اردو اکادمی کا خاکہ بنائیں۔ راہی صاحب نے اس سلسلہ میں مجھ سے مدد مانگی تھی اور ہم دونوں نے دو تین دن تک گفتگو کرنے کے بعد جو خاکہ تیار کیا تھا اُسے راہی صاحب نے شری جگموہن کے حوالہ کر دیا تھا۔ ہم نے نہایت دیانتداری کے ساتھ اردو کے فروغ کے لئے یہ تجویزیں بھی پیش کی تھیں!۔

۱۔ اکادمی میں دہلی یونیورسٹی، جامعہ ملیہ اور جواہرلال نہرو یونیورسٹی سے ایک ایک ممبر لیا جائے۔

۲۔ اکادمی میں دہلی کے کالجوں بالخصوص ڈاکٹر ذاکر حسین کالج سے کسی شخص کو ضرور شامل کیا جائے۔

۳۔ اکادمی میں انجمن ترقی اردو کا ایک نمائندہ بھی رکھا جائے۔

۴۔ اکادمی میں اردو کی رجسٹرڈ تنظیموں کو بھی نمائندگی دی جائے۔

۵۔ اکادمی میں اردو میڈیم سکنڈری اسکولوں کا بھی ایک نمائندہ رکھا جائے اور میٹرو پولیٹن کونسل اور کارپوریشن کے ارکان کو بھی اکادمی میں نمائندگی دی جائے۔

۶۔ اکادمی میں صحافیوں کو بھی نمائندگی دی جائے، وغیرہ وغیرہ۔

ہمارا دیا ہوا یہ خاکہ ہی اردو اکادمی کی بنیاد بنا تھا۔ ہم اگر چاہتے تو اسی وقت بہت آسانی سے اکادمی کے ممبر بن جاتے۔ مگر ہمارے کچھ اصول بھی ہیں۔ جن کو ہم نہ اس وقت اردو اکادمی کی رکنیت کے لئے قربان کرسکتے تھے اور نہ آج کریں گے۔ شریف الحسن نقوی سے متعلق مضمون میں ان واقعات کی تفصیل اس لئے دے رہا ہوں تاکہ "سند رہے اور بوقت ضرورت کام آئے"۔

شریف الحسن نقوی فرشتہ نہیں انسان ہیں، ہر انسان اپنے مفادات کے تحفظ کے لئے زندگی بھر کوشاں رہتا ہے، دنیا میں کوئی ایسا شخص نہیں جو نکتہ چینی کو خندہ پیشانی سے برداشت کرلے۔ اس لئے شریف الحسن نقوی سے کبھی یہ توقع نہیں رہی کہ وہ میری تنقیدی تحریروں کو بھول جائیں گے۔ مگر مجھے ہمیشہ اس بات کا دکھ رہا ہے کہ اردو اکادمی پر میری تنقید کو وہ اپنے خلاف تنقید سمجھتے تھے۔ جبکہ یہ بات بالکل خلافِ واقعہ تھی۔

میری ہمیشہ یہ رائے رہی ہے کہ شریف الحسن نقوی نہایت نیک نفس، شریف الطبع اور اعلیٰ انتظامی صلاحیت رکھنے والے انسان ہیں اور شاید اِن صِفات کا

حامل کوئی اور سکریٹری اردو اکادمی کو عرصہ تک نہ مل سکے گا۔ بعض حلقوں میں ان کے نامقبول ہونے کے اسباب پر میں نے بارہا غور کیا ہے اور جہاں تک میں سمجھ سکا ہوں۔ اس کی تین وجہیں ہیں، اوّل یہ کہ وہ شیعہ ہیں، دوسرے یہ کہ وہ دہلی والے نہیں اور تیسرے یہ کہ وہ بہت محتاط انسان ہیں۔

اس احتیاط کا سبب شاید وہ حالات ہیں جن سے گذر کر وہ اردو اکادمی کے سکریٹری کے عہدے تک پہنچے ہیں، شاید سیلف میڈ افراد میں احتیاط کا عنصر ضرورت سے زیادہ ہوتا ہی ہے۔

ایمرجنسی کے دنوں میں سید شریف الحسن نقوی دہلی کے اے۔ ڈی۔ ایم بھی رہ چکے ہیں۔ شاہ کمیشن میں بھی ان کا ذکر آیا تھا۔ کہا جاتا ہے کہ اُن دنوں سادہ وارنٹوں پر انہوں نے دستخط کئے تھے۔ جنہیں بعد میں نام و پتے لکھ کر استعمال کیا گیا تھا۔ لیکن یہ ایک عام بات ہے بلکہ انتظامیہ کے معمولات کا حصّہ ہے اگر انہوں نے ایسا کیا تو یہ کوئی غیر معمولی بات نہ تھی۔ وہ جامعہ ملیہ اسلامیہ کے رجسٹرار بھی رہ چکے ہیں۔

ایمرجنسی کے دوران ان کی پوسٹنگ ' ڈی۔ اے۔ ڈی۔ پی' کے جوائنٹ ڈائریکٹر کی حیثیت سے بھی ہونے والی تھی مگر جنتا سرکار کے قیام کے نتیجہ میں وہ اس عہدے سے محروم رہ گئے۔

شریف الحسن نقوی میں عزم و حوصلہ کوٹ کوٹ کر بھرا ہے۔ وہ کاغذی منصوبوں کو عملی شکل دینے اور مخالفوں کو رام کرنے کے فن سے بخوبی واقف ہیں۔ اور ان کی یہ دونوں خوبیاں ان کی ترقی کی راہ میں حائل رکاوٹوں کو دور کرنے میں ہمیشہ ممد و معاون ثابت ہوتی رہیں گی۔

# عزیز وارثی

افسوس عزیز وارثی اب ہمارے درمیان نہیں ہیں، گذشتہ ایک سال سے وہ شدید بیمار تھے۔ تین چار ماہ سے ادبی جلسوں اور مشاعروں میں بھی شرکت نہیں کر رہے تھے۔ بالآخر ۲۹ جولائی ۸۹ کو وہ اس دار فانی سے عالم جاودانی کی جانب کوچ کر گئے ــــــ

بٹوارے کے بعد دلّی کی بساطِ ادب کو دوبارہ آراستہ کرنے والوں میں عزیز وارثی پیش پیش تھے۔ وہ کیفی، گوپی ناتھ امنؔ، مانی جائسی، جوش ملیح آبادی، بسمل سعیدی، ساغر نظامی، ہری چندر اخترؔ، تلوک چند محروم وغیرہ سے عمر میں تو چھوٹے تھے مگر انکے معزز، معتبر اور بیدار مغز معاصرین میں ان کا شمار ہوتا تھا۔ کہنے کو تو وہ حضرت نوح ناروی کے شاگرد تھے۔ مگر بقول نیاز فتحپوری ان کا رنگ اپنے استاد سے بالکل الگ ہے اور اصغر گونڈوی کا رنگ اس میں زیادہ جھلکتا ہے اور ایسا ہونا بھی چاہیئے۔ کیونکہ ان کی شاعری کی ابتدار اس ماحول میں ہوئی، جب سوچنے اور سمجھنے کے نئے نئے اسلوب پیدا ہو گئے تھے۔

کتنی شامیں عزیز وارثی کے ساتھ گذاریں، کتنی راتیں بسر کیں اور کتنے

دن کاٹے۔ میرے لئے اب ان کا شمار کرنا بھی مشکل ہے، روزنامہ "نئی دنیا" سے وابستگی کے زمانے میں ان سے لگ بھگ ہر روز ملاقات ہوتی تھی۔ اچھی جگہوں پر بھی اور خراب جگہوں پر بھی۔ اپنے دفتر میں، خود ان کے دفتر میں، انجمن اتحاد و ترقیہ کے دفتر میں، جامع مسجد میں، مولوی سمیع اللہ مرحوم کی درگاہ پر ـــــ اور گلی قاسم جان کے نکڑ پر واقع بچھراواں کے اس سیخ کباب والے کی دوکان کے سامنے سیخ کباب کھاتے ہوئے۔ جس کے سیخ کباب اور تکوں کی لذّت کئی مہاپُرشوں کا ایمان خراب کر چکی تھی۔

عزیز وارثی کو میں نے ہمیشہ ایک بے ضرر دوست پایا۔ سب سے مُسکرا کر ملنا ان کی فطرت تھی۔ سب کی مدد کرنا ان کی عادت تھی اور سب کے کام آنا ان کی ضرورت تھی ـــــ وہ ہندو، مسلمان، سکھ، عیسائی شریف اور رذیل ہر طرح کے لوگوں کو یکساں طور پر عزیز تھے اور ان کا لال کنواں والا کوٹھا مسافر خانہ بھی تھا اور خانقاہ بھی، جہاں ہر شخص کو پناہ مِل جایا کرتی تھی۔

اس خانقاہ عزیزیہ میں، مَیں نے بھی کئی راتیں بسر کی ہیں، زبیر رضوی تو برسوں اس خانقاہ میں رہے ہیں، نہ جانے کتنے محتاج دغنی اس خانقاہ میں رہ چکے رہیں۔ نثار احمد فاروقی اور سلام مچھلی شہری سے لیکر امیینہ برنی تک سب کے لئے اس خانقاہ کے دروازے دن رات کھلے رہتے تھے۔ اِسی خانقاہ میں حضرت ادگھڑ شاہ وارثی اور ان کے پیر طریقت حضرت وارث علی شاہ کے ایصالِ ثواب کے لئے سماع کی محفلیں بھی منعقد ہوتی تھیں اور اِن محفلوں کے بعد فرش ہی پر سب سو جایا کرتے تھے۔ عورت مرد، جوان اور بوڑھے، رِندپارسا، چالک اور سازندے، شاعر اور ادیب، شریف اور غنڈے، ہر طرح کے لوگ۔

یوں تو عزیز وارثی میں بہت سی خوبیاں تھی۔ مگر ان کی سب سے بڑی خوبی یہ

تھی کہ وہ ہر طرح کے تعصب سے پاک تھے۔ بے حد صاف گو نہایت سچے اور بے غرض اور کھرے انسان تھے عزیز وارثی۔ دہلی کے جن شاعروں نے عوامی مقبولیت حاصل کی ان میں غالباً عزیز وارثی سب سے زیادہ ہر دلعزیز شاعر تھے۔ مگر اس عوامی مقبولیت نے ان کا دماغ خراب نہیں کیا تھا۔ ان جیسا وضعدار آدمی میں نے کم ہی دیکھا ہے۔ جس رکھ رکھاؤ اور ترتیب کے ساتھ انہوں نے زندگی شروع کی تھی آخری دم تک اسے ترک نہیں کیا۔ گرمیوں میں چھالیٹن کا چوڑی دار پائجامہ ململ کا کرتا اور ٹھنڈی شیروانی، جاڑوں میں اونی چوڑی دار پائجامہ ململ کا کرتا اور گرم شیروانی زیب تن کرتے۔ موسم کی مناسبت سے سوتی یا اونی موزہ پہنتے، مگر جوتا ہمیشہ کامدار ناگرا ہی ہوتا تھا۔ ننگے سر ہر موسم میں رہتے تھے۔ مسجد، مندر، گوردوارے یا درگاہ میں جاتے تو رومال سے سر ڈھک لیتے، صورت شکل اور وضع قطع سے شرافت ٹپکتی تھی، داڑھی مونڈتے تھے مگر مونچھوں کا خاص خیال رکھتے تھے۔ ہٹلر کی مونچھوں میں اور ان کی مونچھوں میں صرف نوک کا فرق تھا۔ اور یہ نوک دراصل ان کے مزاج کی غماز تھی، آنکھیں چھوٹی مگر گہری تھیں، بال گھونگھرالے ایک خاص ترتیب کے ساتھ سر پر سجے ہوئے نظر آتے تھے۔ مانگ بیچ سے نکالتے تھے۔ پیشانی چوڑی اور ابھری ہوئی تھی، چہرے پر ہر وقت مسکراہٹ رقص کرتی تھی، جب پیار سے کسی کو مسکرا کر دیکھتے تھے تو چشمے میں مقید اُن کی آنکھیں بھی مسکراتی ہوتی نظر آتی تھیں۔ اور ایسے وقت میں ان کی آنکھیں ایک خاص انداز میں اپنا رخ بدلتی ہوئی بھی محسوس ہوتی تھیں۔

جب میں نے درباری شاعروں کے خلاف پرتاپ میں مہم چلائی تو عزیز وارثی بھی زد میں آ گئے ـــــ ایمرجنسی کے دنوں میں ایوان غالب میں نیشنل رائٹرز فورم کا ایک جلسہ ہوا، عزیز وارثی اس جلسے کے بانیوں میں تھے۔ یشپال کپور رائٹرز فورم کے خالق تھے اور جگجیون رام نے اس وقت تک اندرا گاندھی کا ساتھ نہیں

چھوڑا تھا۔ وہ دونوں اس جلسہ میں موجود تھے۔ جلسہ میں شاعروں کو شالیں تقسیم کی گئیں۔ حالانکہ قلم پر پابندیاں لگ چکی تھیں مگر میں نے پرتاپ میں اس جلسہ اور اُس کے بانیوں کے بارے میں ایک بھرپور طنز آمیز مضمون لکھ مارا۔ مضمون اتنا دلچسپ اور جامع تھا کہ ٹائمز آف انڈیا گروپ کے نہایت سنجیدہ میگزین دِنمان نے اس کا ترجمہ کر کے ہندی میں شائع کر دیا۔ مضمون پڑھنے کے بعد عزیز وارثی نے ٹیلی فون پر مجھے مبارکباد دی ـــ "اچھا لکھا ہے ـــ اللہ کرے زورِ قلم اور زیادہ" اور ساتھ ہی یہ دھمکی بھی کہ "آج کی شام تمہارے نام لکھ دی ہے"۔ حسبِ وعدہ شام کو وہ میرے دفتر آگئے اور حسبِ دستور میں نے میزبانی کے فرائض انجام دیئے ـــ انہوں نے اپنی غزلیں سنائیں، میں نے اپنے اشعار سُنائے ـــ دنیا جہان کی باتیں ہوئیں۔ مگر اس مضمون کا ذکر تک نہ آیا جس کے وسیلہ سے وہ شام انہوں نے میرے نام لکھی تھی کہ ان کے لئے دوستی، شرافت کے اظہار کا نام تھی نہ کہ عامیانہ منافقت کدورت اور حسد کے جذبات کی تسکین کا نام ـــ

۳۱ر دسمبر ۱۹۸۹ء کو میں نے گناہوں سے توبہ کر لی تھی۔ میرا تائب ہونا میرے دوستوں کو اچھا نہیں لگا۔ مگر عزیز وارثی کو بہت اچھا لگا۔ ۳ر جنوری کو ٹیلی فون پر انہوں نے کہا "میرے لئے نئے سال کی سب سے اچھی خبر ہے کہ تم راہ راست پر آگئے ہو، خدا مبارک کرے"۔

میں ٹیلی فون پر صرف ان کی آواز سن رہا تھا مگر چشمِ تصور سے ان کا مسکراتا ہوا چہرہ بھی دیکھ رہا تھا۔

"پھر کیا حکم ہے"، میں نے پوچھا اور ادھر سے جواب ملا۔ آج رات کو اظہر صابری کے ساتھ تمہارے پاس آرہا ہوں، تمہارے راہ راست پر آنے کا جشن مناؤں گا۔ سب انتظام کر رکھنا ـــ!"

غروب آفتاب سے پہلے ہی وہ اظہر صابری کے ساتھ آ گئے۔ وہ تین گھنٹہ کی اس ملاقات کے دوران میں نے محسوس کیا کہ عزیز وارثی اندر سے کچھ ٹوٹ گئے ہیں ان کے چہرے کی چمک ماند پڑ چکی ہے، ان کی آواز کی گھن گرج ختم ہو چکی ہے اور اُن کی قوت برداشت بھی جواب دے چکی ہے۔ وہ اپنے گرد و پیش سے، اپنے حال سے اور کسی حد تک اپنے مستقبل سے بھی خوفزدہ سے نظر آئے ـــــ کئی بار وہ جذباتی بھی ہو گئے اور بلک بلک کر روئے بھی۔ جیسے وہ جان گئے تھے کہ اب زندگی کا آخری پڑاؤ آ گیا ہے اور موت ان کے ساتھ ساتھ چل رہی ہے، ان کے قدموں سے لپٹی ہوئی ہے۔ اور کسی وقت بھی انہیں اپنی گرفت میں لینے ہی والی ہے۔ عزیز وارثی سے یہ میری آخری ملاقات تھی ـــــ

افسوس میں ان کو کاندھا بھی نہ دے سکا۔ جس دن ان کا انتقال ہوا اس دن میں دہلی میں نہ تھا۔ ان کے انتقال کے بعد عشرۂ محرم شروع ہو گیا اور میں تعزیت کے لئے بھی نہ جا سکا ـــــ لیکن ان کا مسکراتا ہوا چہرہ ہر وقت آنکھوں کے سامنے رہا۔ اب بھی ایسا لگتا ہے کہ وہ میرے سامنے بیٹھے ہوئے ہیں۔ مسکرا مسکرا کر مجھے گھور رہے ہیں اور کہہ رہے ہیں ـــــ " یہ سب کیا لکھ رہے ہو، کیوں لکھ رہے ہو، کس کے لئے لکھ رہے ہو۔ مجھ کو دیکھو میں نے کم و بیش ۴۵ سال تک اردو ادب اور شاعری کی خدمت کی۔ لیکن نوازشوں کی بوچھار ان لوگوں پر ہوئی جو گروہ بند اور شاطر قسم کے ادیب اور شاعر ہیں،

غالب انسٹی ٹیوٹ کی نظرِ انتخاب مجھ پر نہ پڑ سکی۔ اردو اکادمی کی نظر میں میں ایک بے حیثیت شاعر ہوں، ساہتیہ اکادمی والوں کو بھی میں آج تک نظر نہ آ سکا ـــــ پدم شری اور پدم بھوشن کا فیصلہ کرنے والوں تک میری رسائی نہ ہو سکی۔ مت لکھو، توڑ ڈالو اپنے قلم کو۔ آؤ میرے ساتھ مہرولی چلو ـــــ فرید آباد دبار ڈر چلو، غازی آباد

چلو، جی بی روڈ کے کموٹھوں پر چل کر غزلیں سنو ـــــ لال کنواں چلو ـــــ چلو عثمان رکشہ والے کے ساتھ بیٹھ کر غم غلط کیا جائے ـــــ یا شہاب جعفری کے ساتھ ویران سڑکوں پر رقص کیا جائے ـــــ یہ قلم، کاغذ اور یہ تحریریں سب غرقِ جمنا کردو کہ اِن سے رشتہ قائم رکھ کر میری طرح تم بھی محرومیوں کا شکار ہو جاؤ گے ـــــ"

# فاروق ارگلی

چھوٹا چہرہ، چوڑی پیشانی، عقابی آنکھیں، ہونٹوں پر پان کی دھڑی جمی ہوئی اور گوری رنگت والے دبلے پتلے سے یہ صاحب جو پورے جسم سے بات کرتے نظر آتے ہیں، ادبی دنیا میں ان کو فاروق ارگلی کے نام سے جانا جاتا ہے۔

لگ بھگ ۳۵ سال قبل انہوں نے دہلی میں قدم رکھنے کے بعد ' پرچون ' کی ایک دوکان سے اپنی زندگی کا آغاز کیا تھا اور چونکہ موصوف کا تعلق یوپی کے ایک مردم خیز ضلع فتحپور (ہسوا) سے ہے اس لئے ادبی ذوق کے ساتھ وادئ غربت میں قدم رکھا تھا۔ جب دہلی میں پاؤں جم گئے تو ان کا ادبی ذوق نمایاں ہونے لگا۔ اور انہوں نے سودے کی پڑیاں باندھنے کا پیشہ ترک کر کے قلم کی کاشت شروع کردی، ابتدا میں " دیہاتی پستک بھنڈار" اور " رتن اینڈ کمپنی" جیسے اداروں کے لئے مختلف موضوعات جیسے روزہ، نماز، زکوٰۃ وغیرہ پر چھوٹی چھوٹی کتابیں لکھیں پھر افسانہ نگاری اور ناول نگاری کے میدان میں کود پڑے۔ روبی، بیسویں صدی، فلمی کلیاں، فلمی دنیا، رنگ بھومی (تینوں ہندی) جیسے رسالوں میں کام کیا اور خود اپنے بھی کئی پرچے جاری کر کے بند کیے۔

بابو جگجیون رام سے رسم وراہ بڑھانے کے بعد ان کے بیٹے سریش کے یار غار بن گئے۔ ان کے تعاون سے اردو کا ایک بہت خوبصورت ہفتہ وار اخبار "تیز گام" نکالا مگر وہ بھی اردو والوں کی سرد مہری کا شکار ہو کر بند ہو گیا۔

فاروق ارگلی کو اردو اور ہندی دونوں زبانوں پر پورا عبور ہے۔ دہلی میں میری نظر میں ایسا کوئی اور اردو کا قلم کار نہیں ہے جس نے فاروق ارگلی جیسی محنت کی ہو اور تہنیتی کارڈوں سے لیکر تاریخ اسلام تک کا مصنف ہو۔ سُنا ہے۔ آج کل وہ ہندی قرآن سوسائٹی کے زیر اہتمام کلام مجید کا ہندی ترجمہ بھی کر رہے ہیں۔ انہوں نے مذہب، اخلاقیات، سماجیات، سیاسیات، ادبیات، فلمیات الغرض ہر موضوع پر اتنا کچھ لکھا ہے کہ اب خود ان کے لئے اپنی تخلیقات کا شمار ممکن نہیں رہ گیا ہے۔

۲۷، ۲۸ سال سے وہ میرے آشنا ہیں۔ حالانکہ وہ مجھے اپنا بڑا بھائی سے مانتے ہیں اور میرے ساتھ بالکل چھوٹے بھائی کی طرح پیش آتے ہیں مگر میں ان کو اپنے دوستوں میں شمار کرتا ہوں۔ "پرتاپ" میں میں ان کے کئی ناول قسط وار شائع کر چکا ہوں۔ ان ناولوں کے لئے ہم نے ان کو جو معاوضہ ادا کیا وہ بہت کم تھا۔ لیکن "پرتاپ" کے قارئین نے ان کی تحریروں سے متاثر ہو کر اپنے طور پر انہیں کافی نوازا۔ اور خود فاروق ارگلی کا بیان ہے کہ "دور دور سے "پرتاپ" کے قارئین نے انہیں انعامی چیک بھیجے"۔ ایسے چند چیک میں نے بھی بھجوائے۔ جو قارئین نے ان کا پتہ نہ معلوم ہونے کی وجہ سے دفتر "پرتاپ" کو بھیج دیئے تھے۔

اب تو خدا کے فضل سے وہ "عالمی اردو کانفرنس" کے سکریٹری ہیں اور ان کے بچے بھی ماشاء اللہ جوان ہو کر برسر روزگار ہو چکے ہیں۔ مگر اب سے دس سال قبل تک فاروق ارگلی ادب کے ایسے کاشتکار تھے۔ جس کی قسمت میں بے انتہا محنت لکھی ہوئی تھی،

کبھی وہ روزہ نماز کی ترکیبوں پر مشتمل کتابیں لکھتے تھے تو کبھی جاسوسی ناول۔ وقت پڑنے پر سہرے اور رخصتیاں لکھ کر بھی وہ اپنی اور اپنے بچوں کی پرورش کا سامان کر لیا کرتے تھے۔ انہوں نے ان گنت اردو ناولوں کو ہندی کے قالب میں ڈھالا۔ جادو ٹونے کی کتابیں لکھیں اور صابون سازی اور رنگ سازی وغیرہ کی ترکیب پر مشتمل صنعتی لٹریچر کی بھی تخلیق کی۔ لیکن ان کی جس تخلیق نے مجھے سب سے زیادہ متاثر کیا اور ان کی تخلیقی صلاحیتوں کی گہرائی کا ثبوت پیش کیا وہ تھی "اردو کی کہانی" جو مولانا عبدالوحید صدیقی "کے" ہما "اردو ڈائجسٹ کے اردو نمبر میں شائع ہوئی تھی۔ اس کی سب سے بڑی خوبی یہ ہے کہ اردو اپنی زندگی کی کہانی، مختلف ادوار میں مروجہ لب و لہجہ میں سناتی ہے۔

مجھے یاد ہے کہ مولانا عبدالوحید صدیقی مرحوم نے اس مضمون کے لئے جو فیس طے کی تھی وہ ادا کرنے کے علاوہ ان کی ہمت افزائی اور اپنی پسند کے اظہار کے طور پر الگ سے کچھ رقم بھی پیش کی تھی۔

گذشتہ ۴، ۵ سال سے فاروق ارگلی نے شاعری بھی شروع کر دی ہے۔ وہ کہتے ہیں کہ ان کو شاعر بنانے میں میرا (پروانہ ردولوی) سب سے بڑا ہاتھ ہے کیونکہ ان کی ابتدائی غزلوں اور نظموں کو سب سے پہلے میں نے ہی شائع کیا تھا۔ لیکن میں ان کے اس اعتراف کو محض ان کی خوش اخلاقی سمجھتا ہوں۔

فاروق ارگلی ایک بار جس کے دوست بن جاتے ہیں۔ اس سے زندگی بھر نباہ کرتے ہیں، یہی وجہ ہے کہ "عالمی اردو کانفرنس" سے ان کی وابستگی کے باوجود اس کانفرنس سے اختلاف رکھنے والے شاعروں، ادیبوں اور نقادوں سے ان کی دوستی ابھی تک باقی ہے۔ دلچسپ بات یہ ہے کہ وہ ان افراد کو بھی اپنی نئی پوزیشن سے فائدہ پہنچاتے رہتے ہیں۔ جو عمر بھر ان کا استحصال کرتے رہے اور ان کا خون چوس

چوس کر موٹے ہوتے رہے۔ ان کی سب بڑی خوبی یہ ہے کہ جس کا نمک کھاتے ہیں اس کے خلاف ایک لفظ بھی سننا پسند نہیں کرتے۔ کچھ عرصہ قبل میری آنکھوں کے سامنے عین میرے دفتر کے نیچے انہوں نے اپنے ایک شاعر دوست کو بُری طرح لتاڑا تھا۔ دونوں پورے جوش کے ساتھ ایک دوسرے کی شان میں "قصیدے" پڑھ رہے تھے۔ میری مفاہمانہ کوششیں بھی ناکام ہوگئی تھیں اور انہوں نے بآواز بلند اپنے شاعر دوست سے قطعِ تعلق کا اعلان کر دیا تھا۔

دراصل اس شاعر دوست نے ان کے موجودہ آقا کے خلاف کچھ باتیں کہہ دی تھیں۔ لیکن چند دن بعد وہ اس شاعر دوست کی مدارات میں مصروف نظر آئے۔ میں نے استفہامیہ انداز میں ہنس کر انہیں دیکھا۔ وہ گھبرا کر کھڑے ہو گئے جیسے ان کی کوئی چوری پکڑی گئی ہو۔ پھر کمان کی طرح کئی بار جھکے اور صفائی دینے والے انداز میں کہا "کیا کروں۔ ترکِ تعلق میری فطرت ہی میں نہیں ــــــ وغیرہ وغیرہ"

قدرت نے مزاج شناسی کا جوہر فاروقی ارگلی میں کوٹ کوٹ کر بھرا ہے۔ جس سے ملتے ہیں اپنا گرویدہ بنا لیتے ہیں۔ غرور، زعم، برتری کا احساس ان میں نام کو بھی نہیں۔ خود کو ہمیشہ نہایت ناچیز، حقیر، کمترین اور چھوٹا بنا کر پیش کرتے ہیں۔ چونکہ زندگی کا بیشتر حصہ اسٹرگل کی نذر ہوا ہے۔ اس لئے کڑے سے کڑے وقت میں بھی ان کے پائے استقلال میں جنبش نہیں پیدا ہوتی ــــــ لہو و لعب سے کوسوں دور ہیں۔ مگر دوستوں کے ساتھ پھنس جائیں تو خود کو دوستوں کے رنگ میں رنگ لینے میں انہیں کوئی عذر نہیں ہوتا۔

ان کے دوستوں میں جامع مسجد کے شابوؤں سے لے کر پارلیمنٹ کے ممبر اور وزرا تک شامل ہیں۔ سب سے وہ اس کے مزاج کے مطابق ربط و ضبط رکھتے ہیں۔ کسی کی مدد کر کے انہیں بہت خوشی حاصل ہوتی ہے۔ مگر ان کے کچھ دوست

ایسے بھی ہیں جو ان کے جذبۂ رفاقت کو مجروح کرتے رہتے ہیں۔ پھر بھی میں نے کبھی ان کی زبان سے ایسے دوستوں کے خلاف ایک لفظ بھی نہیں سُنا۔

فاروق ارگلی میں کچھ کمیاں بھی ہیں، سب سے بڑی کمی تو یہ ہے کہ وہ انگریزی تعلیم سے بہرہ ور نہ ہو سکے۔ انہیں اگر انگریزی پڑھنے اور اس زبان میں تھوڑی سے بہت مہارت بھی حاصل کرنے کا موقع مِل جاتا تو آج انگریزی کا کوئی ایسا ناول نہ بچا ہوتا جس کا انہوں نے ترجمہ کر کے نہ رکھ دیا ہوتا ___ لیکن میرے خیال میں انہیں اتنی انگریزی تو آتی ہی ہے۔ جتنی بقول مولانا حالیؔ پانی پتی سر سیّد احمد کو آتی تھی۔ اِس لئے ان کی اس کمی کا اندازہ عام لوگوں کو نہیں ہو پاتا۔ میں نے انہیں اکثر غیر ملکی لوگوں اور دانشوروں سے جو "عالمی اردو کانفرنس" میں شرکت کے لئے آتے رہے ہیں ___ انگریزی میں بات چیت کرتے ہوئے پایا ہے ___ میں اسے فاروقی انگریزی کہتا ہوں، جس میں وہ کبھی کبھی بات کرتے ہیں۔

معلوم نہیں وہ اس تبصرے سے خوش ہیں یا ناخوش لیکن یہ ضرور معلوم ہے کہ اگر وہ ناخوش بھی ہوں گے تو کوئی انتقامی کاروائی نہ کریں گے۔ کیوں کہ ان کے وجود میں" انتقام" کا خانہ خالی ہے۔

مجھے فاروق ارگلی کا وہ دور اچھی طرح یاد ہے۔ جب وہ بھوکے پیاسے کان پر قلم رکھ کر گھر سے نکلتے تھے۔ کسی اخبار یا رسالہ میں طب جدید پر کوئی مضمون لکھ کر آنے کے پیسے لیتے تھے اور کسی پبلشر کی دوکان پر "عمل تسخیر قلب" تحریر فرما کر دال کے دام وصول کرتے تھے۔ کسی کے لئے چائے کی صرف ایک پیالی کے عوض دھرمیندر اور ہیما مالنی کے عشق کی داستان قلم بند کرتے تھے اور کسی پستک بھنڈار یا پبلشنگ ہاؤس کے لئے جاسوسی، جنسی یا رومانی ناول تحریر کر کے عید کی سوئیوں یا شب برات کے حلوے کا انتظام کرتے تھے۔ ہر شخص ان کو ایکسپلائٹ

کرتا تھا۔ وہ لکھتے لکھتے تھک جاتے تھے اور پھر دوسرے دن یہی عمل شروع کردیتے تھے ـــــ لیکن اُس دور میں بھی ان کے چہرے پر مسکراہٹ رقصاں رہتی تھی۔ وہی مسکراہٹ اب پھیل کر ہنسی بن گئی ہے۔ خدا اس ہنسی کو سلامت رکھے۔

مضمون ختم کرنے سے قبل میں فاروق ارگلی کی خودداری کا ذکر کرنا مناسب سمجھتا ہوں۔ میں نے ان جیسا خوددار قلم کار کم دیکھا ہے۔ ان سے پہلے مظفر ہاشمی میں یہ صفت پائی تھی جواب ہمارے درمیان نہیں ہیں۔ لیکن ان کی خودداری پر کبھی کبھی "اکڑ" کا شبہ ہوتا تھا۔ جبکہ فاروق ارگلی کی خودداری میں "اکڑ" نہیں بلکہ اپنے قلم اور اپنی صلاحیتوں پر اعتماد پایا جاتا ہے۔

چند ماہ قبل فاروق ارگلی پاکستان کے ادبی سفر پر گئے تھے۔ وہاں ایک مشاعرہ میں جب ان کا تعارف کرایا گیا تو کسی دل جلے نے باآواز بلند سوال کیا، یہ فاروق تو سمجھ میں آتا ہے ـــــ مگر ارگلی کیا بلا ہے؟ انھوں نے ایک خاص انداز میں جواب دیا۔ "یہ بھی ٹنڈو آدم خان جیسی ایک چیز ہے (واضح رہے کہ ٹنڈو آدم خان کراچی کے قریب واقع ایک شہر ہے) اس بے ساختہ جواب پر اہلِ مشاعرہ ہنس پڑے اور فاروق ارگلی مشاعرہ پڑھ گئے۔

آج کل فاروق ارگلی کو جن لوگوں کے ساتھ کام کرنا پڑ رہا ہے اُن میں کچھ لوگ ایسے بھی ہیں جو ادب کی کھیتیاں چر چکے ہیں اور اپنی چرب زبانی سے دن کو رات اور رات کو دن بنا کر پیش کرنے کی بھی صلاحیت رکھتے ہیں۔ معلوم نہیں ان لوگوں سے کب تک نباہ کر سکیں گے لیکن یہ بات تو یقین کے ساتھ کہی جا سکتی ہے کہ اس طرح کے لوگوں کا مقابلہ وہ اپنی وفاداری اور خودداری سے کرنے میں کامیاب ہوں گے۔

# کمار پاشی

شاعر، ادیب، نقاد، صحافی، ڈرامہ نگار اور افسانہ نگار ہونا کوئی بڑی بات نہیں ہے، دنیا میں لاکھوں ہو چکے ہیں، لاکھوں موجود ہیں اور لاکھوں آئندہ بھی ہوں گے۔ میرے نزدیک انسان کا انسان ہونا بہت بڑی بات ہے۔ اسی لئے تو میں کہتا ہوں کہ اگر کوئی آدمی دنیا کی تمام خصوصیات رکھتا ہے مگر انسان نہیں ہے تو وہ کمار پاشی نہیں ہو سکتا۔

کمار پاشی سے میری پہلی ملاقات مخمور سعیدی کے دفتر میں ہوئی تھی۔ میں اپنے وطن رُدولی میں شبینہ کلب کی جانب سے ہونے والے یومِ مجاز کے سالانہ مشاعرے میں مخمور سعیدی کو لے جانے کے لئے وہاں گیا تھا وہاں ایک سیاہ فام دُبلے پتلے نوجوان کو بیٹھا ہوا دیکھا۔ دو منٹ میں ہی اندازہ ہو گیا کہ یہ کوئی معمولی نوجوان نہیں، اس کے اندر کی تلاش اور جستجو اس کے چہرے سے عیاں تھی۔ وہ کبھی ریک سے ایک کتاب نکال کر اس کے اوراق اُلٹتا پلٹتا اور کبھی دوسری کتاب نکال کر اس کے کسی صفحہ پہ آنکھیں گاڑ دیتا۔ یہ کمار پاشی صاحب ہیں" مخمور سعیدی نے مخصوص انداز میں (جس کو میں ٹونک کا خالص شریفانہ انداز کہتا ہوں) مجھ سے کہا۔

"بڑی خوشی ہوئی آپ سے مل کر" میں نے مصافحہ کے لیے اس نوجوانوں کی طرف اپنا ہاتھ بڑھا دیا۔

اور جب اُس نوجوان کا ہاتھ اپنے ہاتھ میں لیا اُس وقت مسکراہٹ اُس کے ہونٹوں سے اُس کی آنکھوں تک پھیل چکی تھی۔ (یہ بعد میں معلوم ہوا کہ اُس کی مسکراہٹ میں اُس کی آنکھیں بہت بڑا پارٹ ادا کرتی ہیں)

اس ملاقات کے بعد نہ جانے کیوں کمار پاشی کی جانب میں کھنچتا ہی چلا گیا۔ ہر ملاقات میں مجھ پر اُن کی آدمیت کا کوئی نہ کوئی نیا پہلو عیاں ہونے لگا اور رفتہ رفتہ وہ میرے دوست بن گئے۔ میں بڑی باقاعدگی سے اُن سے ملنے لگا۔ کبھی دفتر تحریک میں۔ کبھی خود اپنے دفتر میں کبھی خود ... اُن کے دفتر میں، کبھی اُن کے گھر پر، کبھی دوستوں کے گھر پر اور کبھی خود اپنے گھر پر بھی میں نے کمار پاشی کو شعر کہتے، شعر پڑھتے، اور شعروں پر تنقید کرتے ہوئے دیکھا اور سُنا۔ حالانکہ کمار پاشی کسی پارٹی کے رکن نہیں، ان کا کوئی ٹھوس سیاسی نظریہ بھی نہیں اور وہ سیاستدانوں کو دور ہی سے سلام کرتے ہیں مگر جب ملک میں ایمرجنسی نافذ ہوئی تو وہ تڑپ اٹھے۔ معتبر راویوں کا بیان ہے کہ ایک بار جوش میں آکر دریا گنج کی مصروف سڑک کے بیچوں بیچ کھڑے ہوگئے اور آزادی تحریر و تقریر پر ایک مربوط تقریر کر ڈالی۔ مخمور سعیدی ان کے ساتھ تھے، راہ گیر کمار پاشی کو کوئی دیوانہ یا پاگل سمجھ رہے تھے مگر مخمور سعیدی "سامعین" کی جگہ پُر کر رہے تھے ۔۔۔ ایک ہاتھ میں رومال میں دبا بیڑی کا بنڈل، دوسرے ہاتھ میں ماچس کی ڈبیا۔ گلے میں وہی مفلر جو ہر موسم میں ان کی شناخت کا کام دیتا ہے دائیں بائیں بار بار تھوکنا اور ساتھ ہی تالی بھی بجانا ــــــ بڑی مشکل سے لوگ سمجھا بجھا کر

ان دونوں کو دریا گنج سے اُن کے گھر پہنچا آئے اس واقع کا میں عینی شاہد نہیں ہوں مگر مجھے یقین ہے کہ انھوں نے ایسا ضرور کیا ہوگا کیونکہ ایسی بہت سی وارداتوں میں جو بعد میں وقتاً فوقتاً رونما ہوئیں میں اُن کا شریک رہ چکا ہوں ۔

جس زمانہ میں کمار پاشی اپنی مشہور نظم ولاس یاترا کہہ رہے تھے وہ ہماری دوستی کے شباب کا زمانہ تھا ۔ مگر اُسی زمانہ میں انھوں نے سطور کا محمد علوی نمبر شائع کر دیا چونکہ اس وقت تک میں نے محمد علوی کی تخلیقات کا محض بے دلی سے مطالعہ کیا تھا اور میں انہیں اس قابل نہ سمجھتا تھا کہ سطور جیسے رسالہ کا کوئی خصوصی نمبر ان کے نام سے منسوب ہو اس لئے اچانک میرے دل میں کمار پاشی کی قدر و منزلت بھی کم ہوگئی میں نے ان کے ہاں آنا جانا بند کر دیا اور ایک چھوٹا سا نوحہ بھی کہہ ڈالا۔ گوڑ کانواں میں اوم پرکاش لاغر کے اہتمام میں لائنز کلب کے ایک مشاعرے میں دوستوں کے ساتھ محض اِس خیال سے میں بھی چلا گیا کہ شام اچھی گذرے گی ۔ (حالانکہ وہ میری زندگی کی بدترین شام ثابت ہوئی) مشاعرہ شروع ہوا ۔ نظامت کے فرائض لاغر صاحب ہی انجام دے رہے تھے اچانک انہوں نے مجھے دعوتِ سخن دے ڈالی ۔ کمار پاشی میرے پاس ہی بیٹھے تھے انہوں نے کان میں کہا —— "وہی نظم سنا دو" ۔ مرتا کیا نہ کرتا ۔ میں اسٹیج پر گیا اور اس نظم کی شانِ نزول بیان کرنے کے بعد نظم سُنا دی ۔

بت کدوں میں
نئے بت بٹھائے گئے
بت پرستوں کے چہرے دمکنے لگے ۔

## بُت شکن شہر میں ایک تھا
## مر گیا !!! ؟

مشاعرہ ختم ہوا، لاغر صاحب سب سے زیادہ داد کمار پاشی نے دی، گاندھی وادی آدمی ہیں انہوں نے صاف صاف کہہ دیا کہ وہ مدعو شعراء کی شام کے ذمہ دار نہیں ہیں، مجبوراً سب پیاسے ہی دہلی واپس آگئے اور پرتاپ بھون کے باہر باہمی چندے سے تیار کی گئی پکی پکی ہانڈی زہرمار کی اور اپنے اپنے گھر کی جانب چل دیئے ـــــ مگر اس رات ہمارے قدم بالکل اس طرح اٹھ رہے تھے جیسے کسی وقاری جنگ میں ہارنے والے سپاہی اپنے گھروں کو واپس جا رہے ہوں۔

اس واقعہ کے بعد سطور کا محمد علوی نمبر غور سے پڑھا۔ محمد علوی کی تخلیقات کا بھی دل لگا کر مطالعہ کیا اور وہ الجھن دور ہوگئی جو سطور کے محمد علوی نمبر کی اشاعت کے بعد پیدا ہوئی تھی۔

امیر قزلباش موت سے جس قدر خائف ہیں کمار پاشی اُسی قدر موت سے پیار کرتے ہیں، وہ کسی چوراہے پر سبز بتّی کا انتظار نہیں کرتے، بس چلتے ہی جاتے ہیں، اُن کی یہ تیز رفتاری ہی اُن کی شخصیت کا حسین ترین پہلو ہے۔ کئی بار اِس تیز رفتاری کے نتیجہ میں وہ موت کے دروازے تک بھی پہنچ چکے ہیں، ایک بار تو دِل کے شدید دورے سے بھی دوچار ہوئے مگر تیز رفتاری اُن سے اور وہ تیز رفتاری سے عبارت ہیں اس لئے دونوں کا ایک دوسرے سے جُدا ہونا ناممکنات میں سے ہے،

پروفیسر سیّد احتشام حسین (مرحوم) نے اپنی کتاب میں دہلی کے جن اُبھرتے ہوئے ادیبوں اور شاعروں کا ذکر کیا ہے اُن میں کمار پاشی کا نام بھی

شامل ہے۔ مخمور سعیدی بھی اُن دنوں دہلی ہی میں تھے مگر اُن کا ذکر نہیں ہے۔ یہ بات بھی نہیں کہ کمار پاشی کی شہرت مخمور سعیدی سے زیادہ تھی ۔ تو کیا کمار پاشی نے اپنی ادبی زندگی کا آغاز بطور ترقی پسند شاعر کیا تھا کہ اُن پر تو پروفیسر احتشام حسین مرحوم کی نظر پڑ گئی مگر مخمور سعیدی پر نہیں پڑی جو ترقی پسندوں کے مخالف کیمپ میں تھے ۔ اگر ایسا ہے تو یہ بہت بڑا ادبی المیہ ہے ۔ لیکن کمار پاشی اس ذکر کو زیادہ اہمیت نہیں دیتے، اِس سلسلے میں جب بھی میں نے کچھ پوچھا تو وہ خاموش ہی رہے ایسا کیوں ہے یہ میں نہیں جانتا۔

تقسیم ملک کے فوراً بعد اردو دنیا میں پیدا ہونے والے تعطّل کو جن لوگوں نے دور کرنے کی کوشش کی اُن میں کمار پاشی بھی شامل تھے۔ سکّہ بند نقادوں میں تو اُن کا شمار نہیں ہوتا مگر ان کی تنقیدوں کا احترام ضرور کیا جاتا ہے کہ وہ زیادہ تر گروہی تعصب سے کام نہیں لیتے اور شاعروں اور ادیبوں کی تخلیقات کے سلسلے میں اپنی آراء کا اظہار نہایت غیر جانبداری کے ساتھ کرتے ہیں اور اُن پر نہایت واضح انداز میں گفتگو بھی کرتے ہیں ۔ ان کی تنقید بھی اُن کی شاعری کی طرح حقیقی ہوتی ہے ۔ کمار پاشی غزلیں بھی کہتے ہیں مگر بنیادی طور پر وہ نظم کے شاعر ہیں، اُن کی نظموں میں جو اساطیری اشارے ملتے ہیں وہ کہیں اور نظر نہیں آتے اور اگر نظر بھی آتے ہیں تو بہت کم۔ غزل کے میدان میں وہ نئی نئی زمینیں نکالتے ہیں اور کوشش اس بات کی کرتے ہیں۔ کہ کوئی نئی بات کہیں ۔ جہاں وہ کوئی نئی بات نہیں کہہ پاتے وہاں پرانی بات بالکل نئے انداز میں پیش کرنے کی کوشش کرتے ہیں اور یہ انداز اتنا نیا ہوتا ہے کہ پرانی بات کا سُراغ لگانا مشکل ہو جاتا ہے ۔

پاشی دوست بنانے اور ہمیشہ اچھے اور بُرے ہر طرح کے دوستوں سے

تعلقات قائم رکھنے میں اپنا ثانی نہیں رکھتے۔ میں نے ان کو برسوں کی آشنائی کے دوران صرف ایک شخص سے قطع تعلق کرتے ہوئے دیکھا ہے۔ یہ شخص دہلی کے ایک قدیم تاجر خاندان سے تعلق رکھتا تھا۔ بعد میں پاشی نے اِسے پھر گلے لگا لیا اور آج کل یہ نوجوان پاشی کی کوششوں سے کافی مشہور بھی ہو گیا ہے۔ ادبی اور غیر ادبی دونوں حلقوں میں

کمار پاشی دِلّی گیٹ کے نزدیک ایک نہایت تنگ گلی کے ایک چھوٹے سے مکان میں رہتے ہیں اس کے باوجود دوستوں اور آشناؤں کی کھل کر مہمان نوازی کرتے ہیں ——— انہیں اپنے گھر میں ٹھہراتے ہیں اور اُن کے کھانے پینے، سونے جاگنے اور نہانے دھونے کی ہر ضرورت کا خیال رکھتے ہیں۔

چند سال قبل ایک پاکستانی شاعرہ سارہ شگفتہ کو بھی پاشی نے اپنے گھر میں پناہ دی تھی۔ اب سارہ شگفتہ اس دنیا میں نہیں ہے اُس نے نہ جانے کیوں اپنے وطن واپس جانے کے بعد خودکشی کر لی دہلی میں قیام کے دوران پاشی اور اُن کی اہلیہ نے سارہ کی تمام ضروریات پوری کیں۔ اس کے لئے کپڑے بھی سلوائے اور اس کی آمدورفت کے اخراجات بھی پورے کئے۔ مگر کبھی زبان سے یہ نہ کہا کہ وہ سارہ کے لئے کیا کر رہے ہیں یا کیا کر چکے ہیں۔ اِس بدنصیب پاکستانی شاعرہ کا قُرب حاصل کرنے کی کوشش کرنے والوں میں ایک پدم شری افسانہ نگار اور ایک آوارہ گرد اور سنکی دانشور بھی شامل تھے یسارہ کے قیام کے دوران وہ روزانہ کمار پاشی کے گھر آتے گھنٹوں ٹھہرتے۔ پاشی، ان کی بیوی اور بچیوں کو یقیناً ان لوگوں کی وجہ سے بڑی تکلیف ہوتی ہوگی مگر پاشی نے اور ان کے ساتھ ان کے گھر والوں نے

سب کچھ ہنسی خوشی برداشت کیا۔ــــــــــ ! اُن کی خانگی زندگی تمام کشیدگیوں سے پاک ہے۔ شوہر اور بیوی میں مفاہمت کا جو معیار کمار پاشی کے ہاں نظر آتا ہے وہ اِس دور میں کسی دوسرے شاعر کے ہاں مشکل ہی سے نظر آئے گا۔ کمار پاشی کے کئی شاعر دوست ایسے ہیں جو ایک بیوی پر قناعت نہ کر سکے ــــــــــ تانک جھانک تو سب ہی کرتے ہیں' ان کے دوستوں نے تو باقاعدہ دوسری شادی تک کر لی ــــــــــ یا پہلی بیوی کو چھوڑ کر کسی دوسری عورت کی پناہ میں چلے گئے مگر کمار پاشی ایسا نہ کر سکے حالانکہ ان کے پاس دوسری شادی کرنے کا نہایت ٹھوس جواز موجود تھا ــــــــــ ان کی بیوی انہیں کوئی بیٹا نہ دے سکی ــــــــــ لیکن پاشی نے اس معاملہ میں کوئی سنگ دلی نہ دکھائی اور اپنی خانگی زندگی کے توازن کو بگڑنے سے بچائے رکھا۔ وہ اپنی موجودہ زندگی سے مطمئن ہیں اور انہیں اپنے ادبی سفر کی کامیاب تکمیل کا بھی یقین ہے۔ ...

# گوپال متل

یوں تو سنگ موسیٰ کے اس مجسمہ کی زیارت دہلی آتے ہی ہو گئی تھی، جس کو ادبی دنیا میں گوپال متل کے نام سے جانا اور پہچانا جاتا ہے۔ مگر قربت کا شرف ایمرجنسی کے نفاذ کے بعد ہی ہوا ـــــ

اِس سے پہلے ان سے دور رہنے کی سب سے بڑی وجہ یہ تھی کہ میں بزعم خود ترقی پسند تھا اور وہ ترقی پسندوں کے حلقے میں بہت بدنام تھے۔ جس زمانے میں مَیں ان سے دُور دُور رہتا تھا وہ میرے شباب کا زمانہ تھا۔ دماغ سے کم اور دل سے زیادہ سوچتا تھا۔ ہر سرخ چیز اچھی لگتی تھی اور کوئی دوسرا رنگ آنکھوں کو بھلا ہی نہ لگتا تھا۔ پھر سیاہ رنگ اور وہ بھی گاڑھا سیاہ رنگ کیسے اچھا لگتا؟

"لاہور کا جو ذکر کیا" اور "صحرا میں اذان" والے گوپال متل صرف کمیونسٹوں، اور ترقی پسندوں کے دشمن ہی نہ تھے بلکہ کالے کلوٹے بھی تھے۔ میں ان کی چھاپی ہوئی کتابیں، ان کے لکھے ہوئے مضامین اور ان کی تخلیق کردہ نظمیں اور غزلیں بھی نہ پڑھتا تھا۔ اس لئے ایمرجنسی سے پہلے ان کو سمجھنے اور ان کے اندر چھپی ہوئی خوبیوں کا ادراک حاصل کرنے کا موقع نہ مل سکا۔ ایمرجنسی ہمارے لئے نقطۂ اِتصال بنی اور جب

ابھی تو یہ نقطۂ اتصال ایک بڑے دائرے میں بدل چکا تھا۔ نقطہ کی اس وسعت کا عمل میری زندگی کے بہترین لمحات سے پُر تھا۔ لگ بھگ ہر شام میں 'تحریک' کے دفتر میں گذارنے لگا اور اکثر شام سے صبح تک تحریک کا دفتر ہماری تحویل میں رہتا۔ وہیں کھانا پینا، وہیں ادبی معرکوں میں حصہ لینا، وہیں رمی اور پپلو کھیلنا اور وہیں...... سو جانا۔

مقامی اور غیر مقامی شاعروں اور ادیبوں سے اس دفتر میں میری یادگار جھڑپیں ہوئیں۔ خود گوپال متّل سے بھی۔ ان کی شاعری پر، اور دوسرے شاعروں کی تخلیقات پر اسی دفتر میں بحثیں ہوئیں دونوں طرف آستینیں چڑھیں، تعلقات کے انقطاع کا اعلان ہوا اور توڑ پھوڑ ہوئی ــــ مگر دوسرے دن پھر قدم خود بخود تحریک کے دفتر کی طرف اٹھ جاتے۔ اور واقعات دیروزہ کا کوئی اثر نہ اُدھر نظر آتا نہ اِدھر۔

بلاشبہ گوپال متّل میں وہ تمام خوبیاں موجود ہیں جو کسی بھی ساہوکار یا بنیئے میں ہوتی ہیں۔ ان کے سینے میں ایک دردمند دل بھی ہے جو انہیں اکثر ساہوکار بننے اور بنیا پن کا مظاہرہ کرنے سے روکتا رہتا ہے۔ اب وہ اپنی دوکان بڑھا چکے ہیں اور کم و بیش خانہ نشینی کی زندگی گذار رہے ہیں۔ اب سے صرف دس بارہ سال قبل تک ان کی زندگی تلاطم خیز سمندر جیسی رہی ہے۔ جس میں وہ اپنے ہر مخالف کو ڈبو دینے کی کوشش کرتے رہتے تھے۔

گوپال متّل کا مطالعہ بہت وسیع ہے۔ مطالعہ کی اس وسعت ہی کے بل پر انہوں نے اکثر اپنے مخالفوں کو چت کیا ہے۔ بلکہ چاروں شانے چت کیا ہے۔ انہوں نے نئے شاعروں اور ادیبوں کی ایک پوری نسل کی تربیت کی ہے، آج کے بہت سے شاعروں، ادیبوں، افسانہ نگاروں اور تنقید نگاروں کو ان کا مرہون منّت ہونا چاہیئے کہ وہ گوپال متّل اور تحریک ہی کے وسیلے سے پہلی بار ادبی دنیا سے متعارف ہوئے تھے۔ لیکن میں نے جب بھی گوپال متّل سے اس سلسلہ میں گفتگو کی، اور ان حضرات

کی کامیابی کا سہرا اُن کے سر باندھنا چاہا تو انھوں نے مسکرا کر آنکھیں موندیں ماتھے پر سلوٹیں ڈالیں، دائیں ہاتھ سے بالوں کو پیچھے کی طرف رگڑا یا کنپٹی کو اپنی ہتھیلی سے بار بار سہلاتے ہوئے یہی جواب دیا ـــــ "سنو! یہ سب با صلاحیت لوگ تھے، میں نے اِن کی صلاحیتوں کو اجاگر کیا ہے اور بس۔ اگر اِن کے قلم میں جان نہ ہوتی تو دس گوپال متل بھی انہیں آگے نہ لا سکتے تھے۔"

اُن کا یہ عمل بھی مجھے بہت اچھا لگتا تھا۔ اکثر وہ اپنی بات ختم کر کے ٹہلنے بھی لگتے تھے۔ یا سگریٹ کا لمبا کش لیکر کھانسنا شروع کر دیتے تھے ـــــ دراصل وہ زبان سے کبھی کوئی ایسی بات نہیں کہتے جس کی بنیاد پر کوئی ان پر "ڈینگ مارنے" کا الزام لگا سکے۔ گوپال متل کوئی کام کرنے سے پہلے اس کے فوری اور دیرپا اثرات کا پوری طرح جائزہ لیتے ہیں جس بات کی تردید ضروری سمجھتے ہیں فوراً کر دیتے ہیں اور جس بات کو پھیلانے میں دلچسپی رکھتے ہیں اس کو پھیلانے کی ہر ممکن کوشش کرتے ہیں۔ وہ بے حد صاف گو اور بے باک انسان ہیں۔ اپنی پوزیشن کو داؤ پر لگا کر کسی کے ساتھ رعایت کرنے میں بالکل یقین نہیں رکھتے اور اپنا نقصان کر کے دوسروں کو فائدہ پہنچانے کو گناہ عظیم سمجھتے ہیں۔ ہاں اگر کہیں ان کو فائدہ پہنچ رہا ہو تو وہ دوسروں کو بھی فائدہ پہنچا دینے میں کسی طرح کا پس و پیش نہ کریں گے ـــــ اور میں اِسے کوئی بُری بات بھی نہیں سمجھتا اور نہ ہی کوئی انوکھی بات سمجھتا ہوں۔ کیونکہ یہ بات انسان کی عام فطرت کے مطابق ہے اور فطرت بہر حال نہیں بدلتی ـــــ

گوپال متل کی ادبی زندگی تین حصّوں میں بٹی ہوئی ہے۔ پہلے حصّہ کا تعلق لاہور سے ہے۔ دوسرا حصّہ ماہنامہ "تحریک" اور دہلی سے تعلق رکھتا ہے اور تیسرے حصّہ کا تعلق ان کی موجودہ زندگی سے ہے ـــــ ضعیفی کا یہ دور ان جیسے فعّال اور حیات و جوہند انسان کے لئے کس قدر کربناک ہوگا۔ اس کا اندازہ مستضعفین ہی کر سکتے ہیں۔

ان سے آخری ملاقات نومبر ۱۹۹۸ء کی ایک شام کو ہوئی تھی، کمار پاشی، نازش انصاری اور شفیق جاوید بھی شریک ملاقات تھے۔ اس ملاقات کے دوران میں نے محسوس کیا کہ انہیں شدت کے ساتھ اس بات کا احساس ہے کہ وہ اپنے تمام نشانے پورے نہیں کر سکے ـــــ ان کو مایوس پاکر لامحالہ مجھے اور دوسرے ساتھیوں کو یہ سوچنے پر مجبور ہونا پڑا کہ انسان کی خواہشات کا کوئی انت، کوئی خاتمہ نہیں ہوتا۔ وہ جتنا پاتا ہے اس کی طلب میں اتنا ہی اضافہ ہو جاتا ہے۔

میری ناقص رائے میں گوپال متل نے اپنی زندگی کے تینوں حصوں کی روپ ریکھا پہلے ہی سے تیار کرلی تھی۔ لاہور میں انہوں نے جو بیج بوئے تھے ان کے پھل انہوں نے دہلی میں کھائے۔ غالباً ان کا خیال تھا کہ زندگی کے تیسرے اور آخری حصّے میں پوری اردو دنیا ان کے قدموں میں جھک جائے گی ـــــ ایسا یقیناً نہیں ہوا۔ جس کا انہیں قلق ہے۔

چونکہ انہوں نے ادب کو اپنی خوش حالی کا ذریعہ بنایا اِس لئے انہیں کسی سے شکایت نہ ہونی چاہیئے ـــــ خود انہوں نے بارہا کہا ہے کہ اردو شاعروں اور ادیبوں میں جتنے خوش حال وہ ہیں اتنا کوئی اور نہیں ـــــ اب سے آٹھ دس سال قبل وہ جب موڈ میں ہوتے تو اپنی خوش حالی کا ذکر اس طرح کرتے جیسے انہوں نے کوئی نئی دنیا دریافت کرلی ہو ـــ بہرحال اب وہ اس خوش حالی سے مطمئن نظر نہیں آتے۔

گوپال متل بھی نوجوانی میں مارکسی نظریات سے متاثر ہوئے تھے مگر بعد میں منکر ہو گئے اور دہلی آنے کے بعد اس پروپیگنڈہ مشینری کا جز لاینفک بن گئے جو پوری دنیا میں مارکس ازم اور کمیونزم کے خلاف سرگرم عمل تھی۔ تحریک اسی پروپیگنڈہ مشینری کا ایک چھوٹا سا پرزہ تھا۔ جو اپنی زندگی کے ۲۵ برس پورے کرنے کے بعد بند ہو گیا۔ اسے دوبارہ شروع کرنے کے لئے میں نے گوپال متل کے بڑے صاحبزادے پریم گوپال سے جب بھی بات

چیت کی تو ان کا جواب یہی تھا کہ وہ اس نام سے کوئی اور رسالہ نہ نکالیں گے ــــ اس کی وجہ کیا ہے؟ اس کے جواب میں انہوں نے ہر بار ہنس کر یہی کہا ـــــ "آپ اچھی طرح جانتے ہیں۔" تو کیا انہیں اس بات کا اعتراف ہے کہ تحریک ایک خاص موومنٹ کا رسالہ تھا۔ ایک ایسی موومنٹ جو دنیا بھر میں ایک خاص مقصد کے حصول کیلئے چلائی گئی تھی اور اب پریم گوپال خود کو اس موومنٹ سے وابستہ رکھنے میں اپنی ہتک محسوس کرتے ہیں۔

گوپال متل کی ہمیشہ یہ خواہش ہوتی ہے کہ جس محفل میں وہ موجود ہوں۔ وہاں ان کے وجود کو RECOGNIZE کیا جائے ــــ اگر انہیں خاطر خواہ ـــــــ RECOGNITION نہیں ملتا تو وہ اسے حاصل کرنے کی کوشش کرتے ہیں۔، کئی ادبی مذاکروں، جلسوں اور محفلوں میں ان کی اس خواہش کا اظہار کافی گرمی بھی پیدا کر چکا ہے، اب تو وہ گھر ہی سے نہیں نکلتے اور کسی طرح کی ادبی محفل میں شرکت نہیں فرماتے۔ اس لئے ہم لوگ اس گرمیِ بازار سے محروم ہیں جو صرف اُن کی دین ہوا کرتی تھی۔

# مجتبیٰ حسین

مجتبیٰ حسین ''سیلف میڈ مزاح نگار ہیں'' ان کی تخلیقات میں نہ کسی کی خوشہ چینی کا سراغ ملتا ہے نہ کسی کی پیروی کا نشان۔ بلکہ خود اُن کا ساختہ اور پرداختہ ہے۔ وہ خود اپنے شاگرد ہیں اور خود اپنے استاد۔ اللہ میاں نے تو انہیں آدمی ہی بنایا تھا مگر مزاح نگار بن گئے۔

درحقیقت ان کی آدمیت، انسانی جذبات و احساسات، افکار و اعمال اُن کی شخصیت کے مختلف کچے رنگ ہیں جو ان پر چڑھتے اور اُترتے رہتے ہیں اور اِن مختلف رنگوں سے گذر کر جب وہ اپنے اصل رنگ میں نظر آتے ہیں تو سیلف میڈ مزاح نگار ہی نظر آتے ہیں اس کے علاوہ اور کچھ نہیں، بلاشبہ ۱۹۳۶ء میں اللہ میاں نے انہیں انسان کے روپ میں اور انسانوں ہی کی بستی گلبرگہ میں پیدا کیا تھا۔ اللہ میاں ایڑی چوٹی کا زور لگاتے رہے کہ وہ آدمی بنیں مگر اپنی کوششوں سے وہ مزاح نگار بنتے چلے گئے۔ حیدرآباد کے کچھ دوستوں سے سُنا ہے کہ مجتبیٰ حسین نے مزاح نگار بننے کی شعوری کوشش کی۔ یعنی وہ بھی یہ مانتے ہیں کہ مجتبیٰ حسین پیدائشی انسان تھے۔

شروع شروع میں ان کے اندر آدمیت کوٹ کوٹ کر بھری تھی، وہ آدمیوں کی طرح ہنستے اور روتے تھے، چیختے چلاتے اور بولتے تھے۔ اٹھتے اور بیٹھتے تھے۔ جاگتے اور سوتے تھے۔ چلتے پھرتے تھے، پیتے اور کھاتے تھے ـــــ الغرض ان کے سارے کام آدمیوں والے تھے مگر رفتہ رفتہ انہوں نے اپنی فطرت کو بدلنا شروع کیا اور ان کے سارے کام مزاح نگاروں والے ہو گئے ہنسنا، رونا۔ بولنا۔ گانا۔ کھانا، پینا، سونا جاگنا، گھر سے نکلنا اور گھر واپس آنا۔ الغرض کسی بھی بات میں آدمی والی کوئی بات نہیں رہ گئی۔ صبح کی سیر میں برسوں میں اُن کا شریکِ سفر رہ چکا ہوں اور رات کو دہلی کی ویران سڑکوں پر مجاز کی نظم آوارہ کا مرکزی کردار ادا کرنے میں بھی ان کا ساتھ دیتا رہا ہوں۔ بارہا ان کے اندر جھانک کر اُس آدمی کو تلاش کرنے کی کوشش کی ہے جو ان کی شکل میں پیدا کئے جانے والی مخلوق میں نہ سہی آدمی نامہ کے مصنف کے اندر تو ہونا ہی چاہیے مگر ہر بار ناکامی ہی کا سامنا ہوا، صرف ایک بار ایسا ہوا ہے کہ وہ مجھے آدمی سے لگے (پورے آدمی نہیں) لیکن اس واقعہ پر ۴۲ سال گذر چکے ہیں۔ یہ اس وقت کی بات ہے جب وہ پہلی بار مجھ سے ملنے کے لئے پرتاپ بھون آئے تھے اور مجھ سے خواہش ظاہر کی تھی کہ میں نیپالی (چونی لال بی اے) سے ان کی ملاقات کروا دوں۔ جو اُن دنوں پرتاپ کے چیف سب ایڈیٹر اور فکاہیہ کالم نگار تھے اور چونکہ یہ میری زندگی کا پہلا واقعہ تھا کہ کسی شخص نے مجھ سے پرتاپ کے فکاہیہ کالم نگار نیپالی سے ملاقات کرانے کی خواہش ظاہر کی تھی اِس لئے اُس کا آدمی سا لگنا ایک قدرتی بات تھی۔ نیپالی سے مجتبیٰ کی پہلی ہی ملاقات، آخری ملاقات ثابت ہوئی اور بس وہ آدمی سے مزاح نگار بن گئے۔

اس ملاقات کے بعد اُن سے جب بھی ملاقات ہوئی میں اس ایک لمحہ کے آدمی کو تلاش کرتا رہا جو مجھے پہلی ملاقات میں نظر آیا تھا مگر وہ نہ ملا زتلاش جاری ہے / بہر حال ملاقات کے بعد مجتبیٰ حسین سے ملاقاتوں کی تجدید ہوتی رہی پھر یہ ملاقاتیں ہمارے معمولات کا حصّہ بن گئیں ۔ گوپال متل کا دفتر جو تلب شہر میں واقع تھا ہماری ملاقاتوں کا مرکز بن گیا ۔ وہاں مخمور سعیدی، حیات لکھنوی، کمار پاشی، امیر قزلباش، معین اعجاز، باقی، زبیر رضوی اور دوسرے مقامی وغیر مقامی شاعر، ادیب، افسانہ نگار اور آوارگان ادب ہر شام جمع ہو جاتے تھے ۔ اِن سنجیدہ صحبتوں میں مجتبیٰ حسین مزاح کا رنگ بھرا کرتے تھے اور ان کا سکوٹر پبلک کیریر کی خدمات انجام دیا کرتا تھا ۔ اکثر وہ یو۔پی بارڈر تک کی دوڑ لگاتے تھے ۔ پھر حیدر آباد کے رحمت علی راجیہ سبھا کے ممبر ہو کر آ گئے اور کچھ عرصہ بعد قاضی سلیم اورنگ آباد کے پہاڑوں سے لوک سبھا میں اُتر آئے کچھ اور وقت گذرا کہ خطاطِ اعظم صادقین دہلی آ گئے اب ملاقاتوں کی جگہیں بدلنے لگیں ۔ شام کو دفتر چھوڑنے سے قبل ان کا ٹیلی فون آتا ــ "پروانہ جی ۔ کی حال چال ہے"۔

"چنگا"

"کی پروگرام ہے"۔

"توسیں دسو جی"۔

"میں آواں ؟"

"ضرور جی ۔ ضرور"۔

لگ بھگ ۱۵ کلو میٹر کا فاصلہ طے کر کے وہ پرتاپ بھون آتے ــ یہاں سے دو چار ٹیلی فون کئے جاتے اور ان کے "پبلک کیریر" سے سفر شروع

ہو جاتا۔ دیر رات تک میں مجتبیٰ کے اندر آدمی کی تلاش میں اُن کے ساتھ مارا مارا پھرتا۔ پھر وہ مجھے گھر تک پہنچاتے، مجھے گھر پہنچانے کے بعد وہ کہاں جاتے رہے اِس کا علم آج تک نہ ہو سکا۔ مگر دوستوں کا کہنا ہے کہ وہ پچھلے پہر اپنے گھر پہنچ جاتے تھے۔ ہر صبح اُن سے میری ملاقات مالویہ نگر کے شہید بھگت سنگھ پارک میں ہوتی وہ بالکل مزاحیہ انداز میں یوگ آسن کرتے۔ رات کے آبخرات ناک اور منہ سے نکال کر صاف اور تازہ ہوا کا اسٹاک اپنے پھیپھڑوں میں جمع کرتے، اُن گستاخیوں اور شرارتوں کا ذکر کرتے جو رات میں ہوتی تھیں شرافت کا درس دیتے' احتیاط کا سبق پڑھاتے اور پھر وہی پبلک کیریر اور وہی سے اے غمِ دل کیا کروں' اے وحشتِ دل کیا کروں! جب مجتبیٰ مالویہ نگر میں رہتے تھے تو انکے گھر کا فاصلہ ''اسٹون تھرو'' فاصلہ تھا۔ پھر این، سی، آر، ٹی کیمپس میں ان کو مکان مل گیا۔ اس طرح صبح کی سیر میں اُن کے درسِ شرافت سے میں محروم ہو گیا مگر شام کی ملاقاتوں کا چکّر چلتا ہی رہا، پھر اچانک انہوں نے مجھ سے ملنا جُلنا ترک کر دیا۔ شاید اُن کی مصروفیات یا ان کا اسٹیٹس ان ملاقاتوں کی راہ میں حائل ہو گیا تھا (ہے؟)

مجتبیٰ حسین بڑے کام کے مزاح نگار ہیں، میں نے اپنی ۵۵ سالہ زندگی میں اُن جیسا کام کا مزاح نگار آج تک نہیں دیکھا۔ شادی کے کارڈ کا مضمون بنانے سے لے کر کارڈ چھپوانے تک، مجموعۂ کلام کے کوَر پیج کا ڈیزائن تیار کروانے سے لے کر پوری کتاب طبع کرانے اور رسم اجرا کی ادائیگی تک' گیس کنکشن سے لے کر ٹیلی فون کنکشن' دلانے تک ہر کام میں اِس مزاح نگار کو پوری مہارت حاصل ہے' تجربہ تو نہیں ہے مگر سُنا ہے کہ مجتبیٰ حسین لڑکیوں کے رشتے کرانے، شادی کی تاریخ ''تحفۃ العوام سے دیکھنے ٹینٹ اور شامیانے کا

انتظام کرنے اور مہرولی کے فارموں سے کفایتی ریٹ پر چکن کا اسٹاک لانے سے لے کر باورچی کا انتظام کرنے اور مہمانوں کی خاطر تواضع بالکل صاحب خانہ یا لڑکی / لڑکے کے والدِ محترم کی طرح انجام دینے کے فن میں بھی ماہر ہیں۔

مجتبیٰ حسین کو میں نے زندگی میں کبھی مایوس نہیں کیا ہاں ایک بار ضرور وہ مجھ سے بہت مایوس ہوئے تھے دراصل یہ ایک غلط فہمی کا نتیجہ تھا۔ میں انہیں حضرت امام جعفر صادقؑ کی اولاد سمجھتا تھا اور ان کو یہ غلط فہمی تھی کہ میں حضرت امام ابو حنیفہؒ کی سُنّت پر عمل کرتا ہوں ــــ اِس غلط فہمی کا شکار ہو کر وہ نماز عید کی تیاری کر کے اپنے دونوں بیٹوں - - - اور چھوٹی بیٹی کے ساتھ میرے غریب خانے پر تشریف لائے۔ جسم پر وہی شیروانی تھی جو وہ دہلی آنے سے پہلے حیدر آباد میں بڑی باقاعدگی سے پہنا کرتے تھے۔ اِس شیروانی کو انہوں نے پہنا نہیں تھا بلکہ اپنے جسم پر چڑھا لیا تھا۔ سر پر لال رنگ کی رامپوری ٹوپی پاؤں میں سنّتی پاجامے کے نیچے ایک پھٹی پُرانی چپل (غالباً عیدگاہ میں جوتے چُرانے والوں سے محفوظ رہنے کے خیال سے) ایک ہاتھ کی اُنگلی بڑے صاحبزادے پکڑے ہوئے اور دوسرے ہاتھ کی انگلی چھوٹے صاحبزادے پشت پر گڑیا جیسی ان کی چھوٹی بٹیا ــــ بالکل "دو یا تین بچے بس" کا اشتہار بنے ہوئے میں گلے ملنے کیلئے دوڑا۔ کہنے لگے "ابھی نہیں پہلے چلکر نماز پڑھ لی جائے۔

"کہاں" میں نے ڈرتے ڈرتے سوال کیا۔

"عیدگاہ میں"! انہوں نے ڈرتے ڈرتے جواب دیا۔

"مگر میں تو شاہ مرداں میں نماز پڑھتا ہوں" میں نے شرم سے گردن جھکائے ہوئے کہا۔ اور انہوں نے بھی سر جُھکا کر بڑی پشیمانی کے عالم میں جواب دیا۔ "اچھا تو میں چلتا ہوں!"

انہیں مایوس دیکھ کر جی چاہا کہ میں اسی وقت موروثی عقائد ترک کرنے کا اعلان کر دوں مگر میں کس کے سامنے یہ اعلان کرتا وہ تو آنکھوں سے اوجھل ہو چکے تھے۔ میرے گھر سے وہ بڑی تیزی کے ساتھ بھاگے تھے جیسے اُن سے غیر ارادہ طور پر کوئی قتل ہو گیا ہو۔ خود سے انتقام لینے کے لئے میں نے دہلی میں عید منانی ہی چھوڑ دی۔ اب ہر سال عید سے ایک دن قبل اپنے وطن رُدولی چلا جاتا ہوں اور عید کے ایک دن بعد دہلی واپس آتا ہوں۔ یہی عمل بقر عید میں بھی دہراتا ہوں اور محرم کے دس دن بھی اپنے ناپاک وجود سے دہلی کو پاک رکھتا ہوں

اِس سیلف میڈ مزاح نگار نے اپنے اندر اللہ تعالیٰ والی کارسازی پیدا کر رکھی ہے ــــــــ کبھی کبھی تو مجتبیٰ کی کارسازی اللہ میاں کی کارسازی کو بھی مات دے دیتی ہے۔ فرض کیجئے کہ آپ کو اپنے نااہل صاحبزادے کو کسی اچھی سی یونیورسٹی میں داخل کرانا ہے، اپنی بیٹی کو کسی اسکول میں ٹیچر بنوانا ہے۔ اپنے داماد کے لئے دہلی میں مناسب رہائش کا بندوبست کرنا ہے، اپنے برادر نسبتی کو کسی بینک میں ملازم کرانا ہے یا اپنے ہم زلف کو کسی سرکاری دفتر میں سائیکل اسٹینڈ کا ٹھیکہ دلانا ہے اور اس سلسلے میں اللہ تعالیٰ آپ کی تمام درخواستوں کو مسترد کر چکے ہیں تو آپ مایوس نہ ہوں انشاءاللہ اُن کا مزاح نگار بندہ مجتبیٰ حسین اپنی کارسازی کا سکّہ آپ کے دل و دماغ پر ضرور جما دے گا۔

اِس حل المشکلات کی صرف ہم جیسے ایرے غیرے نتھو خیرے ہی کو ضرورت نہیں پڑتی بلکہ ممبران اسمبلی و پارلیمنٹ، اعلیٰ افسروں، منسٹروں اور گورنروں کو بھی ضرورت پڑتی ہے ہر شخص کی ضرورت اِن کے وسیلے سے پوری ہو جاتی ہے۔ اِس سلسلے میں راقم الحروف کا ایک تجربہ ثبوت کے لئے پیش ہے۔

میرے منجھلے بیٹے کو ایک پوسٹ گریجویٹ پروفیشنل کورس میں داخلہ لینا تھا چونکہ میری بیوی اور بیٹے مجھے بالکل ناکارہ آدمی سمجھتے ہیں اس لئے ان لوگوں نے اس سلسلہ میں مجھ سے کوئی بات نہ کی۔ بیوی نے جناب سیّدہ کی کہانی مانی، بیٹے نے حضرت عباس کا علم چڑھانے کا عہد کیا۔ فارم بھر آگیا، بیوی اور بیٹے کو امّید ہی نہیں یقین تھا کہ داخلہ ہو جائے گا مگر مقابلہ سخت تھا اِس لئے داخلہ نہ ہوسکا۔ جب مجھے اس بات کا علم ہوا تو بڑا غصّہ آیا۔ بیوی کو بھی ڈانٹا اور بیٹے کو بھی اِس ڈانٹ پھٹکار کے دوران کہا "تم لوگوں نے مجھے کیوں نہیں بتایا۔ میں یہ کام مجتبیٰ حسین سے کروالیتا۔" بیوی نے چڑ کر کہا "کون مجتبیٰ حسین —— وہی جو......"

"ہاں وہی" میں نے تقریباً چیخ کر اُن کی بات کاٹ دی۔ اُسی وقت میں مجتبیٰ کے پاس گیا اور انہیں تمام صورت حال سے آگاہ کیا۔ دیکھتے ہی دیکھتے صاحبزادے کو داخلہ مل گیا۔ جب داخلہ کی اطلاع آئی۔ تو بیوی جناب سیّدہ کی کہانی سننے بیٹھ گئیں اور صاحبزادے کی طرف سے اُسی سال حضرت عبّاس کا علم حسینیہ ارشادیہ میں چڑھایا گیا —— مجھے اِن دونوں باتوں پر اعتراض نہیں اِفسوس اس بات کا ہے کہ خود مجتبیٰ حسین نے میرے گھر پر آکر میری بیوی سے کہا "بھابی یہ کام تو جناب سیدہ کی کہانی اور حضرت عباس کے علم کے صدقہ میں ہوا ہے۔" اور تب سے میری بیوی اُن کی بڑی عزت کرتی ہیں ہر سال ۲۲ رجب کے کونڈوں میں اُنہیں خصوصیت کے ساتھ بلاتی ہیں اور جب کبھی ردولی کا دورہ کرکے دہلی واپس آتی ہیں تو اپنے کھیتوں میں پیدا ہونے والی ہری مرچیں، لہسن اور پیاز مجتبیٰ حسین کے لئے ضرور لاتی ہیں۔ اسی طرح کا ایک اور واقعہ مذکورہ بالا واقعہ سے ایک سال بعد ہوا۔ میرا چھوٹا

بیٹا تحسین (جس سے مجتبیٰ بہت محبت رکھتے ہیں) علیگڈھ مسلم یونیورسٹی کے شعبہ انجینئرنگ میں داخلہ لینا چاہتا تھا۔ فارم وغیرہ بھر چکا تھا اور تحریری امتحان میں بھی بیٹھ چکا تھا۔ اس بات کا ذکر میں نے مجتبیٰ صاحب سے کیا فوراً خط لکھنے بیٹھ گئے۔ میں نے اُن کے ہاتھ سے قلم چھین لیا۔

"یہ کیا؟"

"رہنے دیجئے جب جناب سیدہ کی کہانی اور حضرت عباس کا علم موجود ہے تو آپ کے خط یا آپ کی دوڑ دھوپ کی کیا ضرورت"

مجتبیٰ ہنسنے لگے ـــــــ اُنہیں شاید پہلا واقعہ یاد آگیا تھا۔ یہ کہنے کی ضرورت نہیں کہ اس بار پھر کام ہوگیا یعنی تحسین میاں کو سول انجینئرنگ میں داخلہ مل گیا ............ اور کریڈٹ کہانی اور علم ہی کو ملا۔ میں بھی خوش تھا کہ چلو اچھا ہوا، مجتبیٰ زحمت سے بچ گئے مگر چھ ماہ بعد یہ جان کر اور خوشی ہوئی کہ صاحبزادے جموں سے مجتبیٰ کے لئے بید کا ہیٹ اور دستی چھڑی لائے ہیں، آج تک مجتبیٰ نے یہ نہیں بتایا کہ ان تحائف کے پیچھے کون سا راز تھا۔ شاید وہ میرے عقائد کو متزلزل نہیں کرنا چاہتے؟

نومبر ۱۹۸۷ء میں زندہ دلان حیدر آباد کے ترجمان شگوفہ کا مجتبیٰ حسین نمبر شائع ہوا ہے جس میں شمس الرحمٰن فاروقی سے لیکر سمیٰ حسن جاوید صدیقی تک کے مضامین شائع ہوئے ہیں۔ مجھے افسوس ہے کہ اس نمبر میں مجتبیٰ کے متعلق میرے تاثرات نہیں ہیں۔ ایک دن ٹیلی فون پر میں نے مجتبیٰ سے کہا "نمبر پڑھا......... نامکمل ہے!"

جواب ملا......... "ہاں......... آپ ٹھیک کہتے ہیں مگر ذرا کمی بھی تو بتا دیجئے"۔ میں نے کہا اس میں "میرا مضمون نہیں ہے"۔

ہنس کر کہنے لگے ـــــــ "یہ تو ہے"! پھر پوچھا " حیات کہاں ہیں۔ کیا حیدر آباد سے آ گئے ؟" میں نے جواب دیا " ابھی نہیں آئے" فرمایا "یہ تو بڑا غضب ہوا" پوچھا " کیوں ؟" کہنے لگے ـــــــ " حیدر آباد میں جس مشاعرے میں وہ شرکت کے لئے گئے ہیں اُس کے منتظمین نے دعوت ناموں اور اشتہاروں میں ان کا نام حیات وارثی ابن عزیز لکھنوی لکھا ہے اور سُنا ہے کہ ایک سود خور پٹھان جو پہلے لکھنؤ میں رہتا تھا اب حیدر آباد میں کاروبار کر رہا ہے۔ یہ بھی سُنا ہے کہ وہ عرصہ سے حیات وارثی کی تلاش میں تھا ـــــــ کہیں ایسا تو نہیں ـــــــ !" پھر دونوں طرف سے فلک شگاف قہقہے اور ...... شام کی ملاقات کا وعدہ !

ہاں تو ذکر تھا شگوفہ کے مجتبیٰ حسین نمبر کا اس نمبر میں مجھے اگر کوئی چیز زیادہ پسند آئی تو وہ ہے کنور مہندر سنگھ بیدی سحر کا خاکہ جن لوگوں کو کنور مہندر سنگھ بیدی سے میرے تعلقات کی نوعیت کا علم ہے۔ وہ یہ بھی جانتے ہیں کہ اُن سے میری کبھی نہیں بنی، ہمارے درمیان کچھ غلط فہمیاں حائل ہیں جو دور ہونے میں ہی نہیں آتیں، بہر حال وہ اپنے حال میں مست اور میں اپنی کھال میں مست، میرے دل میں اُن کی عزت کے جو نقوش بن چکے ہیں اُن کا تعلق ذاتی منفعت یا عالی جاہی عنایت سے نہیں ہے۔ میں سمجھتا ہوں کہ بٹوارے کے بعد ہندوستان میں اردو کے خلاف برادرانِ وطن کی غلط فہمیاں دور کرنے میں ان کا بہت بڑا کنٹری بیوشن ہے۔ مجھے معلوم ہے کہ ۱۹۴۷ء کے خون آشام دور کے بعد اردو شاعروں اور ادیبوں کو جن میں میں شامل نہیں رہا، ان کی ذات سے بڑے بڑے فائدے پہنچے ہیں۔ انہوں نے اردو کو اس وقت سہارا دیا جب زمین کی تقسیم کے ساتھ زبان بھی تقسیم ہو گئی تھی۔

دلوں میں محبت، اور رواداری کی جگہ نفرت و تعصّب نے لے لی تھی اور زبان میں شگفتگی کی جگہ آلودگی پیدا ہوگئی تھی، اس کے پیچھے ان کے بھی کچھ مفادات تھے مگر بہر حال اردو کو ان سے کافی سہارا ملا۔ بیدی صاحب کے خاکے میں مجتبیٰ حسین نے جس ادیب کو گھر پہنچانے کا ذکر کیا ہے وہ خاکسار ہے، جس مشاعرے میں بیدی صاحب کے پہلوانوں نے مجھے گھیرا تھا خدا کو حاضر ناظر جان کر کہتا ہوں کہ وہ میں تھا اور میرے علاوہ کوئی اور نہ تھا۔ لیکن ہوش گنوانے کی بات محض زیب داستاں کے لئے ہے۔ دراصل برسوں سے دلوں میں بیٹھا ہوا غبار جولانی طبع کی وجہ سے باہر نکل آیا تھا۔ کنور صاحب کی اِس اعلیٰ ظرفی میں جس کا ذکر مجتبیٰ حسین نے کیا ہے سب سے زیادہ کنٹری بیوشن ساحر ہوشیار پوری کا تھا رات اگر وہ حالات کو سنبھالنے کی کوشش نہ کرتے تو صبح اخبارات کی سُرخیوں میں رات کے واقعات کا ذکر کچھ اس انداز میں ہوتا جس کا ذکر کرنا اب فضول ہے۔

۱۹۸۹ء کے اواخر میں مجتبیٰ حسین سعودی عرب کا دورہ کرنے گئے تھے، اس موقع سے فائدہ اٹھاتے ہوئے انہوں نے عمرہ بھی کر ڈالا ـــــ سعودی عرب سے واپس آنے کے بعد انہوں نے جیب میں چاک رکھنا شروع کر دیا ہے۔ جس کو وہ اپنی طہارت پسندی کے ثبوت میں بار بار دوستوں کو دکھاتے ہیں خدا اُن کی اس نئی طیّب و طاہر زندگی کی حفاظت فرمائے میں تو بس یہی دُعا کر سکتا ہوں۔

# محسن زیدی

جدید دور کے غزل گو شاعروں میں محسن زیدی ایک ممتاز درجہ پر فائز ہیں۔ سچ تو یہ ہے کہ وہ موجودہ صدی کی چھٹی دہائی میں اُبھر کر سامنے آنے والے اپنے قبیلے کے دوسرے شاعروں میں ایک امتیازی حیثیت رکھتے ہیں۔ اور اپنے لہجہ کی انفرادیت کے سبب ایک بلند مقام پر نظر آتے ہیں۔

انہوں نے غزل میں کربلا کی علامتوں کو ایک خاص انداز میں استعمال کیا ہے اور اردو غزل کی جہتوں میں ایک تو انا جہت کا اضافہ کیا ہے جو اپنی شگفتگی اور تازگی کے اعتبار سے بہت انوکھی اور دل آویز ہے۔ یہ کہنا شاید غلط نہ ہوگا کہ اپنی ان علامات کو انہوں نے اپنے گرد و پیش سے چنا ہے اور کسی دوسرے سے مستعار نہیں لیا ہے بلکہ دوسروں نے اس سلسلے میں اُن کی پیروی کی ہے۔ یہی وجہ ہے کہ دوسروں نے ٹھوکر کھائی ہے اور محسن زیدی غزل کے صحرا میں نئے نئے پھول کھلاتے ہوئے آگے ہی بڑھتے گئے ہیں۔ اُن کی شاعری میں جن خیالات اور افکار کو برتا گیا ہے وہ ان معنوں میں تو نئے نہیں ہیں کہ ان سے پہلے کسی اور نے ان خیالات و افکار کو پیش نہیں کیا مگر اس اعتبار سے نئے ضرور ہیں کہ غزل کی روایتی لیک اور مروجہ انداز سے ایک محفوظ

فاصلہ پر ہیں اور لہجہ کی تازگی اور توانائی کی وجہ سے سب سے جُدا تاثر دیتے ہیں
غزل ایک ایسی صنفِ سخن ہے جس میں ہر بات ایک نئے انداز سے کہی جاسکتی ہے یہ بات چاہے جتنی فرسودہ اور گھسی پٹی ہی کیوں نہ ہو۔ یہ بات قدما میں میرؔ اور غالبؔ نے اور ہمارے اپنے زمانے میں حسرتؔ، اصغرؔ، جگرؔ فراقؔ، فیضؔ اور کسی حدتک مجروحؔ نے ثابت بھی کی ہے۔ چونکہ ایک مسلّمہ بات کے لیئے کوئی ثبوت ضروری نہیں ہے اور طوالت کا بھی خیال ہے اِس لئے اِس بحث کو یہیں چھوڑتے ہیں۔ محسن زیدی کے کلام میں، ہم نے جب بھی کرب، اضطراب اور بے چینی کی تلاش کی ہے مُنہ کی کھانی پڑی ہے اِس کی وجہ شاید اُن کی کرب سے خالی زندگی ہے۔ اُن کی خوش حالی اور خوش حیثیتی ضرور اُن کی شاعری کی زیریں تہوں میں موجود ہے۔ ناقدین ادب کا خیال ہے کہ ہر شخص کی تخلیق اُس کی شخصیت کا آئینہ ہوتی ہے۔ یہی بات محسن زیدی کی شعری تخلیقات پر بھی چسپاں ہوتی ہے۔ اب تک اُن کے تین شعری مجموعے آچکے ہیں شہرِ دل' ان کا پہلا مجموعہ تھا۔ یہ ساٹھ کے دہے کے ابتدائی برسوں میں لکھنؤ سے شائع ہوا تھا۔ دوسرا مجموعہ "رشتۂ کلام" انہوں نے دہلی میں مرتب کر کے ۱۹۷۸ء میں شائع کیا اور تیسرا مجموعہ حال ہی میں "متاعِ آخرِ شب" کے نام سے شائع ہوا ہے۔ جہاں تک میرا حافظہ ساتھ دیتا ہے اِسی نام سے حفیظ میرٹھی کا مجموعۂ کلام شائع ہوچکا ہے۔ یہ بات غالباً محسن زیدی کو نہیں معلوم تھی۔ اگر معلوم ہوتی تو اُن کی طرح کا محتاط اور پھونک پھونک کر قدم رکھنے والا شاعر کبھی اس نام کو نہ چنتا۔ راویوں کا بیان ہے کہ اُن کے تازہ ترین مجموعہ کے لیئے یہ نام اُن کے ایک میرٹھی رفیق بھارتی ہی نے تجویز کیا تھا۔ حیرت ہے کہ میرٹھی ہوتے ہوئے بھی وہ اس بات سے بے خبر تھے کہ خود اُن کے شہر کے ایک شاعر کا مجموعہ کلام اِسی نام سے شائع

ہو چکا ہے۔ دونوں طرف کی اِس بے خبری میں حفیظ میرٹھی کی تحقیر کا پہلو بھی تلاش کیا جاسکتا ہے لیکن میں ایسا نہ کروں گا، کیونکہ حفیظ میرٹھی بھی بہر حال اردو کے ایک معتبر شاعر کا نام ہے اور ان کی شاعری بھی مجھے پسند ہے مگر بس وہاں تک، جہاں تک جماعت اسلامی کی فکری چھاپ اُس پر نہیں پڑی ہے۔

جماعت اسلامی کے نام سے مجھے ایلرجی نہیں ہے۔ بڑے اعلیٰ اور ارفع افکار ہیں اس کے، مگر جن افکار کے عقیدت مند عمل کے معاملہ میں محض کورے ہوں ان افکار کی تنویر دوسروں کے ذہن میں ماند پڑ جاتی ہیں۔ میرا جماعت اسلامی سے گہرا تعلق رہا ہے۔ جماعت اسلامی ہند کے آرگنائزر دعوت میں ۵، ۶ سال کام بھی کیا ہے۔ جماعت کے ارکان اور عہدیداران سے بھی بہت قریب رہا ہوں مگر ان کے ظاہر کو میں نے جس قدر روشن پایا اُتنا ہی روشن اُن کا باطن نہیں ملا۔ پھر بھی یہ بات میں بلا استثنا نہیں کہہ رہا ہوں۔ خیر چھوڑیے اِس قصّے کو اور پھر لوٹ آیئے محسن زیدی کی طرف۔

اُن سے میری شناسائی کی عمر ایک چوتھائی صدی سے تجاوز کر چکی ہے۔ خون کا کوئی رشتہ نہیں ہے مگر جن لوگوں سے خون کا رشتہ ہے اُن سے بھی زیادہ عزیز میں محسن زیدی کو سمجھتا ہوں۔ وہ کجگاؤں عرف ٹڑھواں ضلع جونپور کے اُس خانوادے سے منسوب ہیں جن کے افراد کے ساتھ ابّا مرحوم نے اپنی آزاد رو زندگی کے بہترین ایام گذارے ہیں۔ اُن کی اہلیہ رفیعہ نے میرے ابّا مرحوم سے کسبِ تعلیم کیا ہے اور آج بھی جب اپنے ماسٹر صاحب کا ذکر کرتی ہیں تو ان کی آنکھوں میں احترام کی چمک پیدا ہو جاتی ہے۔ میں بھی اپنے دورِ پیمبری میں چند ماہ کج گاؤں میں اُس محل نما مکان میں قیام کر چکا ہوں جس کا نام نجم منزل ہے اُس کا بڑا سا پھاٹک، اونچا چبوترہ بڑے بڑے کمرے اور ان کمروں میں

ایک خاص ادا سے زندگی کرنے والی ہستیاں مجھے اب بھی یاد ہیں اور شاید زندگی بھر یاد رہیں گی۔ نجم منزل کیا تھی اودھ کی جاندار تہذیب کو سینے سے لگائے ہوئے افراد کی سسکتی ہوئی تصویر تھی۔ ان میں رہنے والوں میں کوئی کلکٹر تو کوئی ڈپٹی کلکٹر تھا مگر ہر شخص انسانیت کا ایک ایسا پیکر تھا جس کا متبادل پیکر میں آج تک تلاش نہیں کر سکا ہوں اور شاید آئندہ بھی تلاش نہ کر پاؤں گا۔
حالانکہ مجھے اپنے ابّا مرحوم سے ہمیشہ یہ شکایت رہی کہ جس زرخیز دماغ سے انہوں نے ہم لوگوں کو محروم رکھا اگر اس کا تھوڑا سا حصّہ بھی ہم لوگوں پر صرف کر دیتے تو ہمیں اُن مصیبتوں سے نہ گزرنا پڑتا جن کی یاد ہی دل کو تڑپانے کے لئے کافی ہے۔ مگر کبھی کبھی یہ بھی سوچتا ہوں کہ اگر انہوں نے ایسا نہ کیا ہوتا تو اُن فرشتہ صفت انسانوں کی زیارت سے ہم محروم رہ جاتے جن کے دم سے نجم منزل میں وہ رونق تھی جو اب صرف کتابوں ہی میں پڑھی جا سکتی ہے۔ ابّا مرحوم اپنے والد کے اکلوتے بیٹے تھے اور ہمارے دادا کوئی معمولی انسان نہ تھے۔ برسوں رنگون میں رہ چکے تھے۔ رنگون سے آنے کے بعد ریاست مہونہ اور ریاست امیرپور کے مختارِ عام (اٹارنی جنرل) بھی رہے تھے۔ کئی گاؤں میں اُن کی زمینداریاں اور پٹے تھے۔ ریاست جے پور تک اُن کی مختاری کی دھوم تھی۔ خوش حالی اُن کے گھر کی باندی تھی۔ پھر ابّا کو کیا ضرورت تھی کہ وہ سب کچھ چھوڑ کر بے وطنی کی زندگی گذاریں۔ میری سمجھ میں آج تک یہ بات نہ آسکی اور میں جس قدر اس بات پر غور کرتا ہوں اُسی قدر اپنے دل میں کرب و اضطراب کو جگہ دیتا ہوں۔
بہرحال۔ چھوڑیئے اس کربناک کہانی کو اور پھر لوٹیے محسن زیدی کی طرف۔
محسن زیدی کا وطن بہرائچ ہے۔ اُن کا بچپن اِسی شہر نما قصبہ میں گذرا جو ضلع کا صدر مقام بھی ہے۔ لڑکپن اسی شہر میں جوانی سے گلے ملا۔ اِس لئے ان کے

مزاج پر اِس شہر کی تہذیبی زندگی کی گہری چھاپ ہے۔ اُن کی نوجوانی کا بیشتر حصّہ لکھنو میں گذرا۔ جہاں انھوں نے تعلیم کی اعلیٰ منزلوں سے شناسائی حاصل کی۔ ادھیڑ عمر ہی میں وہ دہلی آ گئے اور گذشتہ ۲۵ سال سے وہ اِسی شہر میں رہ رہے ہیں ـــــ اُن کی شاعری اور اُن کی شخصیت پر ان تینوں شہروں نے اثر ڈالا ہے۔

محسن زیدی سے جب بھی ملاقات ہوتی ہے مجھے اپنے دورِطالب علمی کے ایک نیک سیرت اُستاد نقی حسین آلِ مرحوم یاد آجاتے ہیں۔ آپ میرے زمانے میں شیعہ کالج لکھنو کے وائس پرنسپل تھے بعد میں غالباً پرنسپل بھی ہوئے۔ اقتصادیات کے معلم تھے اور اپنی زندگی میں بھی اقتصادیات کے اصولوں کو برتتے تھے۔ غالباً کپڑے کی بچت کے لئے تنگ موہری کی پتلون پہنتے تھے۔ قمیض بھی آدھی آستین کی ہوتی تھی۔ ٹائی لگانے کی رسم تو ادا کرتے تھے مگر ٹائی یا تو چھینٹ کے کپڑے کی ہوتی تھی یا اس زمانے میں مروجہ (پیراشوٹ' (چھتری) کے کپڑے کی گھر میں سلی ہوئی ٹائی لگاتے تھے۔ قدرت نے بھی اُن کی تخلیق کے سلسلہ میں اقتصادی اصولوں کو مدِ نظر رکھا تھا نہایت قلیل الجُثّہ اور دُبلے پتلے آدمی تھے۔ حالانکہ اُن دنوں کپڑوں کی دُھلائی زیادہ مہنگی نہ تھی مگر وہ اپنے کپڑے خود ہی دھویا کرتے تھے اور اپنے ہاتھ ہی سے اُن پر پریس کرلیا کرتے تھے۔ کالج ہمیشہ پیدل آتے تھے۔ بازار سے سودا سلف خود ہی خریدا کرتے تھے اور اجناس کے خرچ کا پورا حساب لگا کر مہینہ بھر کا سامان لے آتے تھے۔ اگر کوئی مہمان آجائے اور مہینہ پورا ہونے سے پہلے کوئی چیز ختم ہو جائے تو وہ اس کے بغیر ہی کام چلا لیتے تھے۔ معلوم نہیں محسن زیدی عادات واطوار میں کس حد تک آلِ مرحوم کے مماثل ہیں لیکن ہیں وہ بھی ماہرِ اقتصادیات، انڈین ایکونامک سروس

کے افسر ہیں، رہن سہن بہت سادہ ہے۔ لباس کے سلسلہ میں بھی زیادہ جولانی طبع نہیں دکھاتے اور قناعت پسند بھی ہیں کہ ماہرِ اقتصادیات کے لئے قناعت پسند ہونا ضروری ہے۔ انکا پہلا مجموعہ کلام کیسے چھپا اِس کا علم مجھے نہیں ہے مگر دوسرا مجموعہ کلام یوپی اردو اکاڈمی کے مالی اشتراک سے اور تیسرا مجموعہ کلام دہلی اردو اکاڈمی کے مالی اشتراک سے شائع ہوا ہے دوسرے مجموعہ کلام کی اشاعت کے لئے مالی اشتراک آسانی سے ملا یا مشکل سے؟ اس کا علم مجھے نہیں ہے مگر تیسرے مجموعہ کلام کے لئے مالی اشتراک کے حصول میں اُنہیں کافی پریشانی کا سامنا کرنا پڑا ہوگا کیونکہ مسودہ داخل کرنے کے بعد وہ ہر ملاقات میں سرمایہ کی منظوری میں تاخیر کا ذکر ضرور کرتے تھے اور کبھی کبھی تو اس تاخیر کی وجہ سے مایوس بھی ہو جاتے تھے۔ شاید اقتصادیات کا ایک اصول یہ بھی ہو کہ " اگر دوسری جگہ سے سرمایہ مل سکتا ہے تو اپنی جیب پر بوجھ ڈالنا مناسب نہیں"۔ محسن زیدی کو زبان کی سلاست کا بڑا خیال رہتا ہے۔ اِملا صحیح لکھنے کے لئے وہ لُغات کو ٹٹولتے ہیں اور لفظوں کے انتخاب میں بھی وہ بہت محتاط رہتے ہیں۔ ہم عصر شاعروں سے وہ براہِ راست تصادم سے بچنے کی کوشش کرتے ہیں مگر دوسروں کو متصادم دیکھ کر دور دور سے مزہ ضرور لیتے ہیں۔ اُن کے گول چہرے پر ہمیشہ شریر بچوں والی معصومیت سایہ فگن رہتی ہے۔ چوڑی پیشانی پر فکر و تشویش کی ایک بھی لکیر نظر نہیں آتی۔ اگر شاعر دوستوں کے درمیان بحث کے دوران کوئی سخن گسترانہ بات آجائے تو اپنے بچنے کی فکر فوراً کرتے ہیں اور یاروں کا نزلہ کسی ضعیف عضو کی طرف گرانے کی کوشش میں کامیاب ہو کر دل کھول کر ہنستے ہیں۔ مگر اُن کی ہنسی کہقہے کا روپ کبھی اختیار نہیں کرتی ایسا لگتا ہے کہ اُن کے دل میں کوئی بڑی مشین چل رہی ہے جس کی آواز

ان کے مُنہ سے گھٹ گھٹ کر نکل رہی ہے۔

یوں تو محسن زیدی ہر شخص سے بڑی خندہ پیشانی اور متانت کے ساتھ ملتے ہیں مگر سکّہ بند نقادوں سے جب بھی ملتے ہیں تو اپنی باتوں سے اُن کے دل میں کوئی نہ کوئی خلش ضرور چھوڑ دیتے ہیں جبکہ نوجوان اور نوآموز نقادوں سے بہت کھُل کر ملتے ہیں اور تکلفات کے تمام پردے اٹھا کر گفتگو کرتے ہیں۔

محسن زیدی بہت معصوم فطرت کے انسان ہیں۔ غرور اور تکبّر سے بہت دور ہیں۔ خود کو پوز کرنے سے اُنہیں نفرت ہے۔ امیر اور غریب اُن کے لئے سب ایک ہیں سچ تو یہ ہے کہ وہ ہمیشہ امیر پر غریب کو ترجیح دیتے ہیں اور غریب پر کبھی امیر کی بالادستی کو برداشت نہیں کرتے۔ وضعداری اُن کی شخصیت کی وہ خوبی ہے جو اُن کے مخالف بھی نظر انداز نہیں کرسکتے۔ واقف کاروں، آشناؤں، دوستوں اور عزیزوں کے ہر غم اور ہر خوشی میں موجود رہتے ہیں اور جہاں تک ہوسکتا ہے اُن کے کام بھی آتے ہیں۔

# مخمور سعیدی

مخمور سعیدی راجستھانی لب و لہجہ کے قد آور اردو شاعر ہیں۔ ان کا تعلق ٹونک کے شاہی خاندان سے ہے۔ جسکی تصدیق ان کے قدو قامت سے بھی ہوتی ہے۔ فروری ۱۹۵۳ء میں دہلی کے ایک ہوٹل سے انہوں نے عملی زندگی کا سفر شروع کیا اور لگ بھگ ۳۵ سال میں ماہنامہ تحریک سے گذرتے ہوئے ایوان اردو تک پہنچے۔ ان ۳۵ برسوں میں سے لگ بھگ ۲۵ برس تحریک کی نذر ہو گئے چاہے مالی اعتبار سے تحریک سے مخمور کو کوئی فائدہ نہ پہنچا ہو مگر ادبی دنیا میں ان کا جو سکہ چلا وہ تحریک کی ٹکسال ہی میں ڈھلا ہوا تھا۔

مخمور جب دہلی آئے تو ان کو شاید بسمل سعیدی کے علاوہ اور کوئی نہیں جانتا تھا۔ آزاد ہوٹل میں ان کو ایک معمولی سی نوکری مل گئی۔ اس ہوٹل کے مالک افضل پشاوری ایک زود گو شاعر تھے اور ان کا ہوٹل شاعروں اور ادیبوں کی آماجگاہ تھا۔ خواجہ حسن نظامی، جوش ملیح آبادی، بسمل سعیدی، علامہ انور صابری، روش صدیقی، ساغر نظامی اور سلام مچھلی شہری وغیرہ لگ بھگ ہر روز اس ہوٹل میں آتے تھے۔

اسی ہوٹل سے مخمور سعیدی کا ادبی سفر بھی شروع ہوا۔ گوپال متل نے

جب تحریک کا آغاز کیا تو ان کی نظرِ انتخاب مخمور سعیدی پر پڑی اور مخمور سعیدی کو اُن کا سایۂ شفقت راس آگیا۔ دیکھتے ہی دیکھتے وہ ہندوستان اور پاکستان کے معروف شاعر بن گئے۔ "اِس ہاتھ دے اُس ہاتھ لے" کے اصول پر مخمور سعیدی نے سختی کے ساتھ عمل کیا اور اس طرح ان کا حلقۂ احباب وسیع سے وسیع تر ہوتا گیا۔ لیکن مخمور سعیدی کو اس بات سے اتفاق نہیں ہے۔ کہ ان کے حلقۂ احباب کی وسعت کا راز "اِس ہاتھ دے اُس ہاتھ لے" کا اصول ہے۔

ابتدا میں مشاعروں میں وہ ترنم میں اپنا کلام سنایا کرتے تھے۔ پھر ڈرامائی انداز میں تحت میں پڑھنے لگے اور آخرالذکر انداز میں ہی اب وہ اپنا کلام سناتے ہیں میری حقیر رائے میں مخمور سعیدی ایک اچھے نثر نگار ہیں، وہ قدماء کے انداز میں اچھی نثر لکھتے ہیں، ان کا مطالعہ بہت وسیع ہے اور چونکہ حافظہ بھی اچھا ہے۔ اس لئے ادبی امور میں، چاہے وہ شاعری سے تعلق رکھتے ہوں یا تنقید سے۔ ان کی رائے سے اختلاف کرنا معمولی سوجھ بوجھ کے آدمی کے بس کی بات نہیں ہے۔

میں نے مخمور سعیدی کی تمام تخلیقات پڑھی ہیں۔ مگر یہ میری بدنصیبی ہے کہ آج تک ان کا کوئی بھی شعر میرے حافظہ میں گھر نہ کر سکا۔ جب کبھی مخمور سعیدی کو میں یہ بات بتاتا ہوں تو وہ بڑے کربناک انداز میں ہنس دیتے ہیں۔ مجھے ان کا اس طرح ہنسنا ایک آنکھ نہیں بھاتا۔ میں چاہتا ہوں کہ وہ میری اس کمزوری پر سخت ردِّ عمل کا اظہار کریں مگر انتہائی اشتعال انگیزی کے باوجود وہ صرف ہنس کر ہی اپنا کام چلا لینا چاہتے ہیں، شاید مشتعل ہونا وہ جانتے ہی نہیں، پندرہ۲۰سال کی واقفیت، رفاقت اور دوستی کے دوران صرف ایک بار میں انہیں مشتعل کرنے میں کامیاب ہو سکا مگر ان کا یہ اشتعال بھی ویسا نہ تھا جیسا کہ ہونا چاہیے۔

چند سال قبل شام کی محفلوں میں مَیں نے دبے لفظوں میں یہ کہنا شروع کیا کہ مخمور

ایک ترکیبی شاعر ہیں، ان کی شاعری کیل کانٹے سے درست ہوتی ہے اور بس ـــ وہ شاعری کے مستری ہیں۔ وغیرہ وغیرہ؛

مخمور کے منہ پر بھی کئی بار یہ بات کہی ـــ وہ ہر بار ہنس کر ٹال گئے ـ میں انہیں جلال میں دیکھنا چاہتا تھا۔ مگر وہ جلال میں آنے کے لئے بالکل تیار نہ تھے۔ مگر صاحب صبر، درگذر، رواداری کی ایک حد تو ہوتی ہی ہے۔ایک دن یہ حد لوٹ ہی گئی، پرتاپ بھون کی کینٹین میں زبیر رضوی، امیر قزلباش، حیات لکھنوی، رمیش گوڑ (ہندی کے صحافی اور شاعر) میری دعوت پر جمع ہوئے، ابتدائی لوازمات کے بعد شاعری شروع ہوگئی ـــ جب مخمور کی باری آئی تو انہوں نے مجھے مسکرا کر دیکھا ـ مجھے ہنسی آگئی ـــ احباب نے مجھے چھیڑا ـــ مخمور نے بھی اندازہ لگالیا کہ میں کیا کہنے والا ہوں، شاید انہوں نے دل ہی دل میں یہ طے کر لیا تھا کہ آج جو کچھ ہونا ہے ہو جائے۔ جیسے ہی انہوں نے اپنی نئی غزل کا پہلا شعر پڑھا۔ میں نے اعتراض جڑ دیا۔ "ٹکنکل شعر ہے" پھر ہم دونوں میں جھگڑا شروع ہو گیا احباب بیچ بچاؤ بھی کراتے اور بھڑکاتے بھی ـــ آستینیں چڑھا کر ہم کینٹین سے باہر آ گئے۔

ہم نے بے تکلف ہوکر ایک دوسرے پر خوب کیچڑ اُچھالی ـــ مخمور نے بیانگ دُہل قطعِ تعلق کا اعلان کرتے ہوئے اپنے گھر کی راہ لی اور میں نے اس قطعِ تعلق کے اعلان کو قبول کرتے ہوئے اپنے گھر کا راستہ پکڑا ـــ ہماری لڑائی کا معیار اتنا پست تھا کہ راہ گیر بھی ہم پر ہنستے تھے۔ سب کا یہی خیال تھا کہ اب مخمور سعیدی مجھ سے ہمیشہ کے لئے دور ہو جائیں گے۔ مگر دوسرے دن پھر پرتاپ بھون کی کینٹین میں ہماری محفل جم گئی اور

ع خواب تھا جو کچھ کہ دیکھا جو سنا افسانہ تھا

کے مصداق ہم پھر شیر و شکر ہو گئے۔ لیکن میرا خیال ہے کہ اپنی شاعری کے سلسلہ میں میری رائے نے مخمور کو ایک مستقل خلش میں مبتلا کر رکھا ہے کیونکہ ہمیشہ وہ اپنا کلام

ستانے سے پہلے بڑے کرب ناک انداز میں ہنس کر مجھ دیکھتے ہیں۔

مخمور سعیدی میں بہت سی خوبیاں ہیں، پہلی خوبی یہ ہے کہ وہ جس کی ملازمت کرتے ہیں اس کے رازہائے سربستہ ملازمت ترک کرنے کے بعد بھی فاش نہیں کرتے، ان کا راز کا صیغہ کافی وسیع اور گہرا ہے۔ گوپال متل کے تمام معاملات پر مخمور سعیدی کی نظر تھی مگر آج بھی وہ کسی کو کچھ نہیں بتاتے۔ بیسویں صدی میں رحمٰن نیّر کی خدمت بھی انہوں نے جم کر کی مگر آج تک انہوں نے کسی کو یہ نہیں بتایا کہ بیسویں صدی سے علاحدگی کا سبب کیا تھا۔ دوستوں کی کمزوریوں پر پردہ ڈالنے کے آرٹ سے بھی وہ اچھی طرح واقف ہیں، کسی کو ناراض کرنا ان کے بس کی بات نہیں اور ناراض شخص کو رام کرنا انہیں خوب آتا ہے۔

تحریک سے نکلنے۔ اپنا رسالہ "گلفشاں" نکال کر بند کرنے، بیسویں صدی چھوڑنے اور کلب علی کا نگار بند ہونے کے بعد مخمور سعیدی نے جب انجمن ترقی اردو ہند کے ہفتہ وار "ہماری زبان" کا قلمدانِ ادارت سنبھالا تو مجھے شرارت سوجھی۔ ان دنوں میں کمیونسٹ پارٹی آف انڈیا کے اردو ترجمان ــــ "حیات" میں "برات رنگ" کا کالم لکھا کرتا تھا ــ اس کالم کے لئے میں نے اپنا قلمی نام علامہ بیدل اندر پرستوی رکھ لیا تھا ــــــ شرارتاً میں نے اس کالم میں جو کچھ لکھا اس کا لُب لباب یہ تھا کہ " مخمور سعیدی کے انجمن ترقی اردو ہند سے وابستہ ہونے سے خلیق انجم کچھ خلش محسوس کر رہے ہیں۔" کچھ باتیں ڈاکٹر گوپی چند نارنگ کے بارے میں بھی لکھی تھیں۔

میری اس تحریر کا مخمور سعیدی، ڈاکٹر خلیق انجم اور گوپی چند نارنگ نے سخت نوٹس لیا، ڈاکٹر خلیق انجم نے تو اخبار کے ایڈیٹر کو نوٹس بھی دے دیا اور معاملہ پریس کونسل میں لے جانے تک کی دھمکی دے ڈالی۔ راج بہادر گوڑ

صاحب کو بھی پتہ نہ تھا کہ علامہ بیدل اندر پرستوی کون بزرگ ہیں، انہوں نے فاروقی صاحب سے شکایت کی اور معاملہ پارٹی کے جنرل سیکریٹری راجیشور راؤ تک گیا۔ دریں اثنا ادبی دنیا میں علامہ بیدل اندر پرستوی کی تلاش شروع ہوگئی کسی نے کہا کہ یہ نیاز حیدر ہیں، کسی نے سمجھا کہ یہ ڈاکٹر قمر رئیس ہیں اور کسی کو یقین تھا کہ یہ ڈاکٹر اجمل اجملی ہیں، الغرض کسی کے گمان میں بھی نہ تھا کہ علامہ بیدل اندر پرستوی دراصل پروانہ ردولوی ہے۔

بہر حال گوڑ صاحب نے راجیشور راؤ کے خوب کان بھرے اور فاروقی صاحب یہ حکم دینے پر مجبور ہو گئے کہ "برات رنگ" کا کالم پہلے ان کو دکھایا جائے پھر شائع کیا جائے ـــــ میں نے یہ شرط نہ مانی اور اس طرح "حیات" میں "برات رنگ" کا سلسلہ بند ہو گیا۔ بعد میں چنگاری والے بشیر احمد نے کہا کہ میں ان کے پرچے کے لئے یہ کالم مخصوص کر دوں۔ مگر میں نے ان کی پیش کش قبول نہ کی ـــــ

"حیات" میں یہ کالم بند ہونے کے بعد میں نے مخمور کو بتایا کہ یہ شرارت میری تھی ـــــ مگر انہوں نے آج تک اس سچ کو تسلیم نہیں کیا ہے اور اپنی فطرت کے عین مطابق کسی کو یہ بتایا بھی نہیں ہے کہ علامہ بیدل کے پردے میں کون تھا۔

مخمور سعیدی کی دوسری خوبی یہ ہے کہ ان پر بے ہوشی اور بے خبری کا حملہ کبھی نہیں ہوتا۔ میں نے آج تک ان کی طرح کا رندِ باخبر کوئی اور نہیں دیکھا ان کی تیسری خوبی یہ ہے کہ وہ کسی کا برا نہیں چاہتے۔ میرے علم و یقین میں کوئی ایسا نہیں ہوگا جس کو ان سے کسی طرح کا کوئی نقصان پہنچا ہو۔ سچ تو یہ ہے کہ وہ اپنا دفاع بھی اس انداز میں کرتے ہیں کہ کسی دوسرے پر آنچ نہ آئے۔

یوں تو اور بھی بہت سی خوبیاں ہیں جو ان کی شخصیت میں جمع ہیں مگر یہ تین

خوبیاں جن کا ذکر اوپر آیا ہے ان کی شناخت کے لئے کافی ہیں۔

مخمور سعیدی حادثات کو جھیلنا بھی خوب جانتے ہیں، انہوں نے اپنے اکلوتے بیٹے کی موت کے حادثہ کو نہایت صبر و سکون کے ساتھ برداشت کیا۔ پھر اُن کی بیٹی (دراصل یہ ان کے بھائی چھوٹے میاں کی بیٹی تھی اور اس کو مخمور نے گود لے لیا تھا) گھر میں اسٹو پر کھانا پکاتے ہوئے جل کر مر گئی۔ مخمور سعیدی نے اس حادثۂ جانکاہ کو بھی جھیل لیا اور ان حادثات سے متاثر ہو کر معمولاتِ زندگی میں کوئی فرق آنے نہیں دیا۔ ان کے اندر صبر و تحمل کی یہ صفت قابلِ رشک بھی ہے اور حیرت انگیز بھی ـــــ اردو اکیڈمی دہلی کے رسالہ " ایوانِ اردو " سے وابستگی کے بعد مخمور سعیدی نے اپنی دوسری بیوی کے ساتھ رہنا شروع کر دیا ہے جن کا تعلق آگرہ کے ایک مشہور موسیقار گھرانے سے ہے۔ موصوفہ بھی موسیقی کا اچھا خاصا ادراک رکھتی ہیں۔ نہایت خوش اخلاق اور فعال بی بی ہیں۔ مخمور کی زندگی میں اب جو ایک طرح کی باقاعدگی اور وقت کی پابندی کا عنصر نظر آتا ہے وہ اِن بی بی ہی کی دین ہے۔ مخمور بھی ان سے کچھ پوشیدہ نہیں رکھتے خدا کرے یہ رشتہ تاقیامت قائم رہے۔

# معین اعجاز

چیچک کے داغوں سے منوّر چوڑا چہرہ، ابھری ہوئی پیشانی، سیتا پھل جیسا سر، بہت زیادہ چمک لئے ہوئے چھوٹی چھوٹی آنکھیں، سیاہی مائل سانولا رنگ، سر پر گھنے سیاہ بال، کوتاہ گردن، چوڑا سینہ، ابھار پر مائل پیٹ اور جمی ہوئی چال — سردیوں میں گرم سوٹ اور گرمیوں میں بُوشرٹ اور پینٹ میں ملبوس معین اعجاز کا اصل نام معین الدین خان ہے — ان کا اصل وطن یو پی کا مردم خیز ضلع غازیپور رہا ہے مگر ان کی بیشتر تعلیم و تربیت کلکتہ میں ہوئی۔ علی گڑھ سے ایم۔ اے کرنے کے بعد وہ کلکتہ ہی کے ایک اسکول میں ٹیچر ہو گئے پھر بطور اسسٹنٹ ایڈیٹر آل انڈیا ریڈیو میں ان کا سلیکشن ہو گیا — ابھی آل انڈیا ریڈیو کی اردو مجلس میں انہیں کام کرتے ہوئے کچھ عرصہ ہی گذرا تھا کہ ان کے چال چلن کی تصدیق ہو کر آ گئی چونکہ رپورٹ مخالفانہ تھی۔ اسلئے انہیں نوکری سے الگ کر دیا گیا اور وہ تمام خواب جو انہوں نے مستقبل کو تابناک بنانے کے لئے دیکھے تھے منتشر ہو گئے — مُلک میں ایمرجنسی ختم ہوئی اور جنتا پارٹی کی حکومت قائم ہو گئی — اس وقت کے وزیر اطلاعات و نشریات ایل۔ کے ایڈوانی نے مارکس وادی لیڈر جیوتی باسو کی سفارش

پر چال چلن کی دوبارہ تصدیق کروائی ـــــ پولیس نے جو رپورٹ دی اس سے پچھلی کالک دھل گئی اور معین اعجاز دوبارہ ریڈیو کی ملازمت پر واپس آگئے ـــــ آل انڈیا ریڈیو کی اردو سروس میں بطور ایڈیٹر کام کرنے والے خلیل زاہد نے جب نوکری چھوڑ کر بمبئی سے اپنا اخبار نکالا اور ان کے اسسٹنٹ ایڈیٹر اشرف عابدی بطور نیوز ریڈر اردو یونٹ میں چلے گئے تو سینیرٹی کی وجہ سے معین اعجاز آل انڈیا ریڈیو کی اردو سروس میں ایڈیٹر بن کر آگئے تب سے وہ اسی عہدے پر کام کر رہے ہیں۔

معین اعجاز کا جو نفسیاتی تجزیہ میں نے کیا ہے اس کی بنیاد پر میں بلاخوف تردید کہہ سکتا ہوں کہ وہ کئی طرح کے کمپلیکس کے شکار ہیں۔ یہی وجہ ہے کہ وہ بیحد حساس اور محتاط انسان سمجھے جاتے ہیں۔ احتیاط کا یہ عالم ہے کہ جب تک سڑک بالکل ویران نہ ہوگی وہ اُسے پار نہ کریں گے۔ اور ذکی الحس اتنے کہ اگر کسی محفل میں صرف دو منٹ کی تاخیر سے ان پر توجہ مبذول کی جائے تو وہ اس محفل سے واک آؤٹ کر جائیں گے۔

جب ریڈیو سے ملازمت ختم ہوگئی تھی اس وقت وہ میرے رابطہ میں آئے۔ رفتہ رفتہ وہ میرے دوست بن گئے اور یہ دوستی آجتک قائم ہے، کبھی کبھی وہ مجھ سے ناراض بھی ہو جاتے ہیں۔ مگر اس ناراضگی کی چونکہ کوئی ٹھوس بنیاد نہیں ہوتی اور اس کا سبب صرف لمحاتی کرب ہوتا ہے اسلئے میں ان کی ناراضگی سے کبھی نہیں گھبراتا۔ میں کیا ان کا کوئی بھی دوست نہیں گھبراتا کیونکہ سب کو یہ معلوم ہے کہ ان کی ناراضگی صرف ان کے وسوسوں کا عکس ہوتی ہے۔ یہ وسوسے ایک نہ ایک دن حقیقت سامنے آنے کے بعد خود بخود ختم ہو جاتے ہیں۔ اور ان کی ناراضگی بھی دور ہو جاتی ہے۔

مگر کبھی کبھی کچھ شریر دوست اُن کی اِس کمزوری کو تفریح کا ذریعہ بنا دیتے ہیں۔ ایسی حالت میں ان کی ناراضگی مجھ جیسے انسان کیلئے سوہانِ روح بن جاتی ہے ـــــ

ہمارے دوستوں میں مجتبیٰ حسین میں جو فنکارانہ صلاحیتیں ہیں۔ اُن میں دوستوں میں لڑا کر لطف حاصل کرنے کی صلاحیت کی فیصد شرح سب سے زیادہ ہے۔ ایک بار معین اعجاز کے فن پر انہوں نے گفتگو شروع کی اور مجھ سے پوچھا کہ معین اعجاز کی طنزیہ اور مزاحیہ تحریروں کے بارے میں میری کیا رائے ہے۔ میں نے بالکل رواروی میں کہہ دیا کہ "اُن کی تحریروں میں شگفتگی نہیں ہوتی"۔

دوسرے ہی دن مجتبیٰ حسین نے نمک مرچ لگا کر میرے تاثرات سے اپنے مخصوص انداز میں معین اعجاز کو آگاہ (یا گمراہ؟) کر دیا۔ معین اعجاز کا جو رد عمل ہوا اس سے مجتبیٰ حسین نے خوب حظ حاصل کیا۔ دو دن بعد مجتبیٰ حسین کا ٹیلی فون آیا ــــ حسبِ معمول پنجابی لب و لہجہ میں گفتگو ہوئی ــــ شام کی میزبانی طے ہوگئی۔ پرتاپ بھون کے پیچھے بیٹھنے کا فیصلہ ہوا اور وقت مقررہ پر مجتبیٰ حسین آ گئے۔ ابھی نشست کا باقاعدہ آغاز نہ ہوا تھا کہ معین اعجاز آ دھمکے ــــ چہرہ پر عجیب طرح کی پژمردگی، آنکھیں غصّہ سے لال، بھنویں تنی ہوئی۔ میں نے پریشانی کا سبب پوچھا تو برس پڑے "آپ نے کہا ہے کہ میری تحریروں میں شگفتگی نہیں ہوتی ؟"

کب کس سے؟ میں نے گھبراتے ہوئے پوچھا۔ انہوں نے کلمہ کی انگلی سے میز پر ضرب لگاتے ہوئے کہا ــــ "پرسوں ــــ مجتبیٰ حسین سے!"، مجتبیٰ حسین نے ہنسی روکتے ہوئے مجھے دیکھا ــــ ایک ہی لمحہ میں مَیں نے انکار اور اقرار کے نتائج پر غور کر لیا اور بڑی بہادری سے کہا ــــ "اچھا وہ پرسوں والی بات۔ ہاں میں نے کہا تھا۔ لیکن یہ میری ذاتی رائے ہے اور میں رشید حسن خاں تو نہیں ہوں ــــ!!"

مجتبیٰ حسین کے چہرے پر رونق چھا گئی۔ ایسی رونق غالباً ابراہیم لُودی کو شکست دینے کے بعد بابر کے چہرے پر بھی نہ چھائی ہو گی۔ میرا چہرہ فق تھا اور معین اعجاز کی آنکھوں کی چمک بالکل بجھ گئی تھی۔ تھوڑی دیر بعد مُعین اعجاز واک ــــ

آؤٹ کر گئے۔ مجتبیٰ حسین بھی فاتحانہ انداز میں مجھ سے رخصت ہو گئے اور میں کسی شکست خوردہ فوج کے بے حد مجروح سپاہی کی طرح اپنے گھر واپس چلا گیا رات بھر نیند نہیں آئی اور بار بار مجتبیٰ حسین اور معین اعجاز کے چہرے آنکھوں کے سامنے آتے رہے۔ میں نے دل ہی دل میں فیصلہ کیا کہ آئندہ مجتبیٰ حسین سے گفتگو بڑی احتیاط سے کروں گا۔ اس شام کے بعد سے معین اعجاز سے میرے تعلقات میں کچھ کشیدگی پیدا ہو گئی ـــــ دھیرے دھیرے وہ مجھ سے بے تعلق ہونے لگے۔ اور جب میں نے ان کے اس رویہ پر کسی ردِ عمل کا اظہار نہ کیا تو انہوں نے میرا ردِ عمل جاننے کیلئے کچھ سخت اقدامات بھی کر ڈالے۔ ان اقدامات کا ذکر کر کے میں دوستی اور رفاقت کو رسوا نہ کروں گا۔ مگر اتنا ضرور کہوں گا کہ ان کے یہ اقدامات امیر پلسٹوں جیسے تھے۔

بالآخر معین اعجاز نے ہتھیار ڈال دیئے ـــــ اب بھی وہ مجھ سے ملتے ہیں، میری خاطر و تواضع بھی کرتے ہیں۔ مجھ سے گفتگو بھی فرماتے ہیں۔ گذشتہ ۳۱ر دسمبر کو پریس کلب میں انہوں نے میرے ساتھ ۸۸ء کو رخصت اور ۱۹۸۹ء کو گلے لگایا تھا مگر ان ملاقاتوں میں وہ شگفتگی نہیں ہوتی جو ان کی تحریروں میں شگفتگی نہ ہونے کی بات کہنے کا اقرار کرنے سے پہلے ہوا کرتی تھی۔

بہر حال ان کی ناراضگی میرے لئے سوہان روح ضرور ہے۔ میری اب بھی یہی رائے ہے کہ معین اعجاز کی تحریروں میں شگفتگی نہیں ہوتی اور یہی ان کی تحریروں کی انفرادیت ہے۔ کسی مصنف یا شاعر کے لئے اپنی پہچان قائم کر لینا ایک بڑی بات ہے۔ اور یہ بڑی بات معین اعجاز نے کر دکھائی ہے۔ ابھی ان کے ادبی سفر کا آغاز ہے۔ انہیں بہت طویل راستہ طے کرنا ہے۔ منزل تک پہنچتے پہنچتے ان کی تحریروں میں پختگی پیدا ہو جائے گی۔ مگر شگفتگی کا پیدا ہونا ذرا مشکل ہی ہے کیونکہ مزاح نگار بنتے نہیں پیدا ہوتے ہیں

اور وہ مزاح نگار پیدا ہوئے نہیں ہیں۔ بلکہ شعوری طور پر مزاح نگار بننے کی کوشش کر رہے ہیں۔ ہمارے سامنے تازہ ترین مثال نصرت ظہیر کی ہے۔

ہم انہیں بطور مترجم اور شاعر یا صحافی جانتے تھے۔ لیکن انہوں نے بہت کم عرصہ میں یہ دکھادیا کہ وہ مترجم، شاعر اور صحافی اس لئے تھے کہ انہوں نے اس پیدائشی مزاح نگار کو اقتصادی ضروریات کے پیش نظر دبا رکھا تھا جو ان کے اندر موجود تھا۔ اور حالات سازگار ہوتے ہی وہ پوری آن بان سے نمودار ہو گیا۔

معین اعجاز کا حافظہ بہت اچھا ہے۔ انیس کے بہت سے مرثیے اور مجاز کی نظمیں اور غزلیں ان کے حافظے میں محفوظ ہیں۔ جب موڈ میں ہوتے ہیں تو جھوم جھوم کر سناتے ہیں۔ انہیں شاعروں کی نقل کرنے کا بھی شوق ہے۔ مگر اس فن میں بھی زیادہ مہارت حاصل نہیں۔ ان سے اچھی نقل بلکہ بعض اوقات بالکل مطابق اصل نقل امیر قزلباش کرتے ہیں۔ دوستوں کی محفل میں وہ کبھی کبھی کافی بے تکلف ہوجاتے ہیں۔ بے تکلفی کے عالم میں وہ بہت اچھے لگتے ہیں اور ان کے چہرے پر وہ شگفتگی نظر آنے لگتی ہے جس کا ان کی تحریروں میں فقدان ہے۔ جب وہ بہت زیادہ مسرور ہوتے ہیں اس وقت منہ پر مٹھی رکھ کر بڑی اچھی پیپہری بجاتے ہیں۔ مگر ایسا شاذونادر ہی ہوتا ہے۔

معین اعجاز کا مطالعہ وسیع ہے، قدماء ہی کا نہیں بلکہ اس دور کے ہر شاعر کا بھی ان کو ایک نہ ایک شعر یاد ہے۔ جب وہ پہلی بار کسی شاعر سے ملتے ہیں تو اس کو اسی کا کوئی شعر سنا کر خوش کر دیتے ہیں اور اس پر اپنی دھاک بھی جما لیتے ہیں۔ افسانہ نگاروں اور نقادوں کی تحریروں کے ٹکڑے بھی انہیں یاد ہیں۔ دراصل ان کا حافظہ بہت اچھا ہے۔ اگر تنک مزاجی نہ ہوتی تو وہ بہت پیارے انسان بن جاتے۔ احباب ان کی تنک مزاجی سے خوب لطف اندوز ہوتے ہیں۔ مگر انہیں غالباً اس کا احساس نہیں ہے۔

# ہیم وتی نندن بہوگنا

میں یہ دعویٰ تو نہیں کر سکتا کہ ہیم وتی نندن بہوگنا سے میری دوستی تھی۔ لیکن یہ کہنے میں مجھے کوئی عار نہیں کہ ان سے میری اچھی جان پہچان تھی۔ یہ جان پہچان ایک دو دِن یا دو چار سال کی نہ تھی بلکہ پورے ۲۵ سال پرانی تھی۔ ان سے میری جان پہچان کا آغاز اس وقت ہوا، جب وہ یوپی میں محض پارلیمنٹری سکریٹری تھے مگر اس زمانے میں پارلیمنٹری سکریٹری آج کے کیبنیٹ منسٹر سے بھی زیادہ سیاسی اہمیت رکھتے تھے۔ کیونکہ ان کی پشت پر صرف چیف منسٹر یا پرائم منسٹر کا ہاتھ نہیں ہوتا تھا بلکہ عوامی تائید بھی ہوتی تھی وہ اپنے نظریات سے پہچانے جاتے تھے نہ کہ سیاسی اسکینڈلوں یا پارٹی لیڈر کے حق میں بے اصولے بیانوں سے۔

میری صحافتی زندگی کے آغاز میں ہیم وتی نندن بہوگنا میرے کٹر مخالف تھے۔ کانپور سے میں نے ایک روزنامہ "سیاست نو" شروع کیا تھا۔ یہ یوپی کا سب سے کثیر الاشاعت اردو اخبار تھا اور اپنی بے باک تحریروں اور کانگریس کی زبردست مخالفت کی وجہ سے نہ صرف یوپی بلکہ بہار اور مدھیہ پردیش میں بھی کافی پڑھا جاتا تھا۔ اس زمانے میں ایک صاحب منظر علی سوختہ ہوا کرتے تھے۔ سوختہ صاحب کے

متعلق افواہ یہ تھی کہ وہ جواہر لال نہرو کے بھائی ہیں۔ کانپور سے اُناؤ جاتے ہوئے گنگا کا پُل پار کرنے کے بعد سوختہ صاحب کا ایک آشرم بھی تھا۔

منظر علی سوختہ بڑی سادہ زندگی گذارتے تھے، دبلے پتلے جسم پر وہ گاندھی جی کی طرح کھدر کی ایک دھوتی لپیٹ لیا کرتے تھے۔ لکھنؤ کے دارالشفا میں جہاں ممبران اسمبلی و کونسل رہتے تھے، منظر علی سوختہ کو بھی ایک فلیٹ الاٹ کیا گیا تھا جس میں کچھ سلائی مشینیں اور فائلیں، منظر علی سوختہ کے ساتھ رہتی تھیں۔ غالباً انہوں نے سماجی بہبود کی کوئی انجمن بنا رکھی تھی اور اسے یوپی سرکار سے اچھی خاصی گرانٹ بھی ملتی تھی۔ بابو سمپورنانند یوپی کے چیف منسٹر تھے۔ وہ منظر علی سوختہ کی بڑی عزت کرتے تھے۔ دوسرے وزراء اور سیاستدانوں تک بھی ان کی رسائی تھی۔ جن میں ہیم وتی نندن بہوگنا بھی شامل تھے۔

منظر علی سوختہ کا رہن سہن اور کھانا پینا عام مسلمانوں سے بالکل مختلف تھا۔ وہ نماز روزے کو بھی ضروری نہیں سمجھتے تھے اور ان کا طرز زندگی خالص ہندوانہ تھا۔ یوپی کے چیف منسٹر اور ہوم منسٹر کو وہ مسلمانوں کے رجحانات کے متعلق رپورٹیں دیا کرتے تھے۔ توپ خانہ بازار میں ہمارا دفتر تھا۔ جہاں وہ ہر دوسرے یا تیسرے دن آجاتے، مسلم مسائل پر مجھ سے گفتگو کرتے اور پھر مجھ سے بات چیت کے بعد جو نتائج اخذ کرتے ان سے چیف منسٹر اور دوسرے ذمہ داروں کو آگاہ کرتے۔

مجھے ان کی سرگرمیوں کا علم تھا۔ اسلئے اکثر ان کو گمراہ کرنے والی باتیں بھی کر دیا کرتا تھا۔ ایک بار میں نے ان کو ذلیل کر کے اپنے دفتر سے نکال دیا۔ اور انہوں نے اس کا بدلہ میرے ایک مخالف اخبار کے مالک کی مدد کر کے لیا۔ اسے بہوگنا کے پاس لے گئے۔ بہوگنا نے پلک جھپکتے ہی اس کے تمام مسائل حل کر دیئے اور میرے اخبار پر، حکومت یوپی کا عتاب نازل ہو گیا۔

منظر علی سوختہ میری شکایت لے کر جواہر لال نہرو کے پاس بھی پہنچے اور انہوں نے ڈاکٹر سمپورنا نند کی چیف منسٹری بھی چھنوادی۔ مجبوراً میں نے اپنا اخبار بند کر دیا۔ چونکہ میری زندگی خطرے میں پڑ گئی تھی اس لئے ہمیشہ کے لئے کانپور کو خیرباد کہہ دیا اور بمبئی میں پناہ گزیں ہوا۔ وہاں سے مولانا عبدالوحید صدیقی کو خط لکھا —— انہوں نے مجھے دہلی بلالیا اور سفرخرچ کے لئے روپئے بھی منی آرڈر کر دیئے۔

دہلی آکر روزنامہ "نئی دنیا" سے دوبارہ وابستہ ہوگیا۔ یہ غالباً ۱۹۵۹ء کی بات ہے۔ کانگریس کلچر کے جن سیاسی لیڈروں کو مولانا عبدالوحید صدیقی پسند کرتے تھے۔ ان میں گووند سہائے اور ہیم وتی نندن بہوگنا کا نام سرفہرست تھے —— افسوس نہ تو گووند سہائے زندہ ہیں اور نہ مولانا عبدالوحید صدیقی اور ہیم وتی نندن بہوگنا۔ مولانا عبدالوحید صدیقی کے فرزند اکبر مولانا احمد مصطفےٰ صدیقی راہی سے ہمیشہ میرا گہرا تعلق رہا۔ دہلی میں پہلی بار میں ان کے ساتھ بہوگنا جی سے ملنے گیا۔ راہی صاحب نے میرا تعارف کرایا تو بہوگنا جی چونکے۔ برسوں بعد بھی مجھے پہچان گئے۔ جب ہُما اردو ڈائجسٹ شروع ہوگیا اور بہوگنا جی مرکز میں وزیر مملکت برائے مواصلات ہوگئے تو میں راہی صاحب کے ساتھ ان کا انٹرویو لینے پہنچا۔ یہ غالباً ۷۲-۱۹۷۱ء کی بات ہے۔ دراصل یہ انٹرویو چونکا دینے والا تھا۔ خالد مہدی کے نام سے ہُما میں چھپنے والے اس انٹرویو میں چند فقرے اس مفہوم کے بھی تھے کہ بہوگنا مستقبل کے وزیراعظم ہیں۔ بہوگنا کے سیاسی حریفوں نے اس انٹرویو کی بنیاد پر مسز اندرا گاندھی کے کان بھر دیئے اور چونکہ وہ دور اندیش سیاستداں تھیں۔ اس لئے انہوں نے بہوگنا کے پَر کترنے کا فیصلہ کرلیا —— اندرا جی نے بہوگنا کو مرکز سے ہٹا کر یو پی کا چیف منسٹر بنا دیا۔ ان کو مبارکباد دینے میں بھی راہی صاحب کے ساتھ ان کی کوٹھی پر پہنچا —— ہزاروں لوگ انہیں مبارکباد دینے آئے تھے۔ اس کے باوجود انہوں نے راہی صاحب کو

اور ان کے ساتھ مجھے بھی اندر بلا لیا اور اپنی مرضی سے ہُما کے لئے ایک انٹرویو دیدیا۔ رات کے بارہ ایک بجے تک یہ انٹرویو چلا۔

انٹرویو کے دوران راہی صاحب نے بہوگنا جی سے کہا کہ وہ اردو میں ان کی بایوگرافی لکھنا چاہتے ہیں۔ بہوگنا جی پھڑک اُٹھے۔ فوراً آمادہ ہو گئے اور دوسرے دن سے ہی یہ کام شروع کر دیا گیا۔ ناشتہ پر میں راہی صاحب کے ساتھ بہوگنا جی کے ہاں پہنچ جاتا وہ اپنی زندگی کے بارے میں باتیں کرتے، ہم لوگ نوٹ کر لیتے اور دوسرے دن کتابت شدہ میٹر ان کو سنا دیتے، تھوڑی بہت ترمیم کے بعد وہ آگے بڑھ جاتے۔

وہ جب دہلی آتے اس کتاب کی تیاری کے سلسلہ میں ہم کو شرف ملاقات ضرور بخشتے۔ لیکن ان کی مصروفیات بڑھ گئیں اور یہ کتاب ادھوری ہی رہ گئی۔ مجبوراً راہی صاحب نے اسے "ادھوری کتاب" کے نام سے شائع کر دیا۔ یوپی کے اس وقت کے گورنر جناب اکبر علی خان نے گورنمنٹ ہاؤس میں اس کتاب کی رسم اجرا ادا کی۔ اردو میں غالباً اتنی مختصر سوانح عمری کسی اور سیاسی رہنما کی نہ ہوگی۔ افسوس اس کتاب کے نام ہی کی طرح ان کی سیاسی زندگی بھی ادھوری ہی رہ گئی۔

پھر ایمرجنسی میں سنجے گاندھی سے ان کی نہ بنی اور انہیں چیف منسٹری چھوڑنی پڑی ــــ نرائن دت تیواری ان سے بہتر موقع پرست پہاڑی برہمن ثابت ہوئے۔ اور وہ راتوں رات اندرا جی اور سنجے گاندھی کے معتمد بن گئے۔

چیف منسٹری چھوڑنے کے بعد بہوگنا جی نے بابو جگجیون رام کے ساتھ مل کر کانگریس فار ڈیموکریسی کی بنیاد رکھی اور عام انتخابات میں حزب مخالف کے محاذ میں شامل ہو گئے۔ اس محاذ کو زبردست کامیابی حاصل ہوئی۔ بعد میں محاذ میں شامل بکثرت پارٹیوں نے اپنے اپنے علیحدہ وجود کو ختم کر کے خود کو جنتا پارٹی میں ضم کر دیا۔ کانگریس فار ڈیموکریسی بھی جنتا پارٹی میں ضم ہو گئی۔ پہلی جنتا سرکار میں بہوگنا

کابینہ کے درجہ کے وزیر بنے۔ وہ اکثر مجھ سے کہا کرتے تھے کہ اگر انہیں مرکزی وزیر داخلہ بنا دیا جائے تو وہ فرقہ وارانہ فسادات کو ہمیشہ کے لئے ختم کردیں گے۔ چودھری چرن سنگھ بہوگنا جی کو سیاسی نٹور لال کہا کرتے تھے۔ مگر جب جنتا پارٹی کی سرکار کو گرا کر چرن سنگھ ہندوستان کے وزیر اعظم بنے تو بہوگنا جی ان کا دایاں بازو بن گئے۔ وہ ان کی کابینہ میں وزیر خزانہ رہے۔ پھر وہ اندرا گاندھی کی کانگریس میں واپس چلے گئے۔ انہیں کانگریس کا سیکریٹری جنرل بنایا گیا، اندرا کانگریس کے دفتر میں بھی ان سے ملاقات کے لئے جانا پڑا۔ ان دنوں کانگریس کے ایک جنرل سکریٹری مسٹر عبدالرحمٰن انتولے بھی تھے۔ جو بعد میں مہاراشٹر کے وزیر اعلیٰ بنے۔ حالانکہ کانگریس کے دفتر میں بہوگنا جی کا کمرہ بڑا تھا مگر وہ اکثر شکایت کرتے کہ ان کے پاس کوئی کام ہی نہیں ہے۔ دفتر آکر وہ چند لوگوں سے مل لیا کرتے تھے اور بس۔ نہ وہ کانگریس کے کسی فیصلہ پر اثر انداز ہو سکتے تھے نہ ہی کانگریس کو اپنی مرضی کے مطابق چلا سکتے تھے۔ وہ اپنی مرضی سے دہلی سے باہر بھی نہیں جا سکتے تھے۔ سنجے گاندھی سے وہ بہت نالاں تھے۔ جب چرن سنگھ نے عام چناؤ کرائے تو اندرا کانگریس کے ٹکٹ پر بہوگنا جی لوک سبھا کے ممبر چُن لئے گئے۔

انہیں امید تھی کہ مرکزی کابینہ میں اندرا جی ان کو ضرور رکھیں گی۔ مگر ایسا نہ ہو سکا۔ کافی انتظار کے بعد وہ پھر اندرا کانگریس سے نکل گئے اور لوک سبھا سے بھی مستعفی ہو گئے اور چودھری چرن سنگھ کے نائب بن گئے۔ چرن سنگھ کے انتقال کے بعد وہ لوک دل کے صدر بن گئے۔

وشو ناتھ پرتاپ سنگھ کی پارٹی جنتا دل میں انہوں نے شامل ہونے سے انکار کر دیا۔ پھر علاج کے لئے امریکہ چلے گئے۔ اگر امریکہ میں ان کا انتقال نہ ہو گیا ہوتا تو وہ ملک کی سیاست پر کافی حد تک اثر انداز ہوتے۔

بہوگنا جی ایک شاطر سیاستداں تھے۔ وہ مسلم مسائل میں کافی دخل رکھتے تھے۔

ایک بار بھی گفتگو میں انہوں نے بتایا کہ مسلمان کو مطمئن کرنا ان کے بائیں ہاتھ کا کام ہے۔ میں نے کہا "کیسے"، انہوں نے کہا "ان کے تمام مطالبات تسلیم کر کے" پھر کہنے لگے۔ "ان کے مطالبات ہی کیا ہیں، اردو، روزگار، پولیس میں بھرتی ـــ ان سب کو ماننے سے ملک کو کوئی نقصان نہ ہوگا۔ مجموعی طور پر ہندوؤں کو بھی کوئی نقصان نہیں ہوگا۔ بلکہ ملک میں کشیدگی ختم ہوگی اور کشیدگی ختم ہونے سے سب سے زیادہ فائدہ ہندوؤں ہی کو ہوگا۔ کیونکہ وہ اس ملک میں اکثریت میں ہیں، سارا کاروبار ان کے ہاتھ میں ہے۔ معیشت پر ان کا پورا کنٹرول ہے۔"

بہوگنا جی کو اس بات کا دکھ تھا کہ جن لوگوں کو انہوں نے فرش سے اٹھا کر عرش پر پہنچایا وہ بے وفا ثابت ہوئے۔ اس سلسلہ میں وہ کسی کا نام تو نہ لیتے تھے، مگر صاف طور پر وہ چہرے سامنے آجاتے تھے جن سے اُن کو شکایت تھی۔

ان کے سینہ میں ایک مضطرب دل تھا۔ ان میں ایک عظیم رہنما کی بے پناہ ـــ صلاحیتیں تھیں۔ مگر اندرا گاندھی کے جیتے جی وہ کانگریس میں اپنے لئے نمایاں مقام نہ بنا سکتے تھے۔ بعد میں سیاست کا رخ ہی بدل گیا اور وہ اپنے مشن کو ادھورا چھوڑ کر چلے گئے۔

بہوگنا جی کی یادداشت گذشتہ چار پانچ سال میں کافی کمزور ہوگئی تھی۔ پھر بھی انہیں اپنے ہر آشنا کا نام یاد تھا، وہ مسلمانوں کے مسلکوں، مسلم علماء کے عقائد اور مسلم فرقوں کے رجحانات سے جتنی واقفیت رکھتے تھے۔ اتنی واقفیت شاید سیّد شہاب الدین کو بھی نہ ہوگی۔ سچ تو یہ ہے کہ شاہی امام، شہاب الدین۔ عارف محمد خان اور وی پی سنگھ اور اس طرح کے دوسرے لوگ بہوگنا جی کی تلاش کا نتیجہ تھے۔

بہوگنا جی مسلم لیڈروں میں ڈاکٹر عبدالجلیل فریدی کو بہت مانتے تھے وہ مجھے

بتایا کرتے تھے کہ یوپی میں جب وہ وزیر اعلیٰ تھے ان دنوں جب کبھی وہ تھک جاتے تو بنارسی باغ میں ڈاکٹر فریدی کی کوٹھی پر چلے جاتے اور وہیں آرام کرتے۔ کسی کو پتہ بھی نہ ہوتا تھا کہ وہ کہاں ہیں، ڈاکٹر فریدی بھی ان کی مدارات میں کمی نہ چھوڑتے حالانکہ وہ مخالف پارٹی کے لیڈر تھے۔

ہم لوگ جب "ادھوری کتاب" کی رسم اجرا ادا کرانے کے لئے لکھنؤ گئے تھے تو ڈاکٹر فریدی ہی کے یہاں ٹھہرے تھے اور ان کی کار ہی سے گورنمنٹ ہاؤس گئے تھے۔ جس پر کالا جھنڈا لگا ہوا تھا۔ یہ کالا جھنڈا ڈاکٹر فریدی نے احتجاج کے طور پر لگا رکھا تھا۔ ان کا کہنا تھا کہ کونسل ہاؤس میں ان کی تقریر اردو میں لکھی جائے جبکہ اُس وقت کے چیرمین یہ بات مان نہیں رہے تھے۔ اس لئے ڈاکٹر فریدی نے کونسل کا بائیکاٹ کر دیا تھا اور اپنی کار پر کالا جھنڈا لگا دیا تھا۔

ڈاکٹر فریدی مسلمانوں کے ایک مخلص قائد تھے۔ اگر وہ کُل وقتی سیاستداں ہوتے تو یوپی کے مسلمانوں کے سب کے سب مسائل حل ہو چکے ہوتے۔ مگر وہ جز وقتی سیاستداں تھے۔ اس لئے مسلمانوں کے لئے کچھ نہ کر سکے اور ان کی موت کے بعد جو خلاء پیدا ہوا اُسے موقع پرستوں نے پُر کرنے کی کوشش کی۔ جس کے نتیجہ میں یوپی کے مسلمانوں کی حالت اور ابتر ہو گئی اور ان کے مسائل مزید اُلجھ گئے۔